Weiterführend empfehlen wir:

Schnellkurs Aktien
ISBN 978-3-8029-3689-0

Schnellkurs Investmentfonds
ISBN 978-3-8029-3751-4

Kapitalanlage 2007 in Steueroasen
ISBN 978-3-8029-3406-3

Schnellkurs Daytrading
ISBN 978-3-8029-3712-5

Harter Wettbewerb für Unternehmen
ISBN 978-3-8029-3362-2

Steueroasen 2007
ISBN 978-3-8029-3405-6

E-Mail: WALHALLA@WALHALLA.de
http://www.WALHALLA.de

Walhalla Fachverlag · Haus an der Eisernen Brücke · 93042 Regensburg
Telefon (0941) 5684-0 · Telefax (0941) 5684-111

Dennis Winkler

Profi-Handbuch Zertifikate

Die moderne Form der Geldanlage

Erfolgreich investieren – auch mit kleinen Beträgen

WALHALLA
FACHVERLAG

Bibliografische Information Der Deutschen Bibliothek
Die Deutsche Bibliothek verzeichnet diese Publikation in der Deutschen Nationalbibliographie; detaillierte bibliographische Daten sind im Internet über http://dnb.ddb.de abrufbar.

Zitiervorschlag:
Dennis A. Winkler, Profi-Handbuch Zertifikate
Walhalla Fachverlag, Regensburg, Berlin 2006

Hinweis: Unsere Werke sind stets bemüht, Sie nach bestem Wissen zu informieren.
Die vorliegende Ausgabe beruht auf dem Stand von August 2006.

Produktion: Walhalla Fachverlag, 93042 Regensburg
Umschlagfoto: Deutsche Börse Group, Frankfurt am Main
Umschlaggestaltung: Gruber & König, Augsburg
Druck und Bindung: Westermann Druck Zwickau GmbH
Printed in Germany
ISBN 978-3-8029-3797-2

Nutzen Sie das Inhaltsmenü:
Die Schnellübersicht führt Sie zu Ihrem Thema.
Die Kapitelüberschriften führen Sie zur Lösung.

Schnellübersicht

Gesamtinhalt

Abkürzungen

ASX	Australian Stock Exchange
ATX	Austrian Traded Index
BLOC	Discount-Zertifikat (Buy Low Or Cash)
bzw.	beziehungsweise
Cap	Deckel
DAX	Deutscher Aktien Index
d. h.	das heißt
ISIN	International Securities Identification Number (Internationale Wertpapierkennnummer)
LTCM	Long Term Capital Management (Hedge-Fonds)
Perles	Performance Linked to Equity Securities
PIP	Price Improvement
S&P	Standard & Poor's (Ratingagentur)
SMI	Swiss Market Index
TKM	Transaktionskostenmove
XTF	Exchange Traded Funds
zzgl.	zuzüglich

Zertifikate – die innovative Anlageform

Innovative Finanzanlageprodukte wie Zertifikate treten seit geraumer Zeit verstärkt in den Blickpunkt des Anlegerinteresses, da herkömmliche Anlageformen wie Aktien oder Investmentfonds in vielerlei Hinsicht Nachteile gegenüber Zertifikaten aufweisen.

Investmentfonds beispielsweise können nur im Ausnahmefall Renditen erwirtschaften, die denen des zugrunde liegenden Vergleichsmaßstabes entsprechen. Nur wenige können die Index-Messlatte überspringen. Viele Anleger mussten gerade in den vergangenen sehr schwierigen Börsenjahren am eigenen Leib erfahren, dass sich die meisten der in Deutschland zugelassenen Investmentfonds als reine Geldvernichter erweisen. Wenn man sich die Performance vieler Publikumsfonds ansieht, kann man leicht den Eindruck gewinnen, dass das Anlagevermögen von untalentierten Laien verwaltet wird, bei denen Anlageentscheidungen nicht im Kundeninteresse, sondern vielmehr im Interesse einer Maximierung der Verwaltungs- und Managementkosten getroffen werden. Es gibt aber glücklicherweise auch Ausnahmen, bei denen von hoch qualifizierten Fondsmanagern erstaunlich gute Renditen, selbst in Phasen von starken Kurseinbrüchen, erzielt wurden.

Für den Anleger ist es jedoch außerordentlich schwierig, gerade diese wenigen guten Fonds zu finden. Was liegt da näher, als die herkömmliche Investmentphilosophie zu überwinden und direkt und kostengünstig am Marktgeschehen in Form von Zertifikaten zu partizipieren. Dabei beschränken sich die Möglichkeiten bei weitem nicht nur auf die passive Abbildung von Indizes in Form von Index-Zertifikaten, vielmehr wurden gerade in der letzten Zeit interessante Themen und Strategie-Zertifikate entwickelt und auf dem Markt platziert, die die Umsetzung von unterschiedlichen Strategien ermöglichen. So können Anleger beispielsweise auf sinkende Kurse setzen und aufgrund fallender Aktiennotierungen Gewinne generieren.

Im Vergleich zur reinen Aktienanlage bieten Zertifikate die Möglichkeit, neben der Umsetzung von bestimmten Strategien auch die Diversifikation zu erhöhen und damit das Risiko zu senken. Anstatt beispielsweise eine Aktie eines Chemieunternehmens zu kaufen, kann ein Zertifikat erworben werden, welches die Kursentwicklung eines Korbs aus mehreren Chemieunternehmen abbildet. Ziel ist es daher, durch eine möglichst optimale Diversifikation der Anlagen auf unterschiedlichen Märkten sowie durch die Umsetzung von interessanten Anlagestrategien eine möglichst hohe Rendite zu erzielen und zusätzlich das Risiko zu senken. Im Mittelpunkt steht die Frage, wie ein Anleger mit möglichst einfachen Mitteln und niedrigen Kosten die Performance der herkömmlichen Anlageformen schlagen kann.

Diese relativ neue Investmentphilosophie wird den Markt revolutionieren. Erste Anzeichen dafür sind bereits erkennbar. So werden beispielsweise immer mehr solcher Zertifikate, Indexfonds und Indexaktien auf den Markt gebracht. Dieses Buch versucht daher, dem Leser eine renditestarke Alternative zu den herkömmlichen Investments aufzuzeigen, damit er an diesem zukunftsweisenden Börsentrend partizipieren kann.

Ich wünsche Ihnen viel Vergnügen beim Lesen und viel Erfolg bei Ihren Anlagegeschäften.

Diplom-Wirtschaftsinformatiker
Dennis Winkler

Was man über Zertifikate wissen sollte

1

Was sind Zertifikate?

Noch in den 90er Jahren beschränkte sich das Investieren an der Börse hauptsächlich auf Investmentfonds und Einzelaktien. Gewinnen konnten Anleger nur dann, wenn die Kurse stiegen. Bei stagnierenden oder gar fallenden Aktiennotierungen wurde dagegen nichts verdient. Dies hat sich heute durch eine neue Generation von Finanzprodukten entscheidend verändert: Zertifikate bieten dem Anleger eine neue, einzigartige Freiheit des Investierens und die Möglichkeit, die Renditechance sowie das Verlustrisiko der eigenen Neigung selbst anzupassen. Entscheidend für den Anlageerfolg ist nicht mehr, ob die Börsennotierungen steigen oder fallen, sondern vielmehr, ob die eigene Markterwartung eintritt.

Dabei bestimmt immer der Anleger individuell, wie viel Risiko er eingehen will. Wenn ein Anleger beispielsweise mit steigenden Kursen rechnet, jedoch unsicher ist, ob diese Markterwartung auch zutrifft, kann er sich für Zertifikate mit eingebautem Risikopuffer entscheiden. Dadurch kann er selbst dann noch Gewinne verbuchen, wenn andere Anleger, die Aktien und Investmentfonds bevorzugen, bereits Verluste zu verkraften haben.

Geht der Anleger beispielsweise davon aus, dass die Börsennotierungen leicht steigen, wie wäre es dann mit Zertifikaten, welche diese moderaten Kurssteigerungen einfach verdoppeln, ohne dass der Anleger dabei sein Risiko erhöht? Diese und viele andere Möglichkeiten bieten Zertifikate.

Zertifikate bieten dem Anleger die Möglichkeit, an der Kursentwicklung des durch die Zertifikate abgebildeten Basisobjekts zu partizipieren. Dabei kann das Basisobjekt unter anderem ein Index, eine Eigenkreation des Emittenten, eine Strategie oder ein Thema sein.

Zertifikate werden daher von einigen Emittenten auch als Partizipationsscheine bezeichnet. Neben diesen beiden Begrifflichkeiten gibt es noch eine dritte Bezeichnung, die hauptsächlich von Warburg Dillon Read verwendet wird. Hier wird für das Zertifikat der Begriff „Perles" verwendet. Perles steht dabei für Performance Linked to Equity Securities.

Zertifikate sind rein rechtlich keine Sachanlagen, sondern verbriefen Verbindlichkeiten der Emittenten. Sie sind also gleichzusetzen mit Schuldverschreibungen. Was das für rechtliche Konsequenzen haben kann und welche Gefahren damit verbunden sind, wird im weiteren Verlauf dieses Buches noch näher betrachtet.

Zertifikate spiegeln also die Entwicklung der jeweiligen Basisobjekte wider. Wie andere Finanzanlagen auch, beinhalten Zertifikate bestimmte Ausstattungsmerkmale. Zu diesen zählen:

- Ausgabezeitpunkt
- Laufzeit
- Basisobjekt
- Währung
- Bezugsverhältnis
- Spezialrechte des Emittenten
- Verbindlichkeitsrang

Im Gegensatz zu Aktien, Fonds oder aber auch Anleihen gibt es bei Zertifikaten keine Ausschüttungen in Form von Dividendenzahlungen oder Zinsen. Die einzige Gewinnmöglichkeit besteht in der Erzielung von Kursgewinnen.

Ausgabezeitpunkt

Aber nun zurück zu den Ausstattungsmerkmalen von Zertifikaten. Wie bei Anleihen, gibt es einen Ausgabezeitpunkt oder genauer Emissionszeitpunkt. Der Emissionszeitpunkt ist der Zeitpunkt, an dem die Zertifikate zum ersten Mal erworben werden können.

Praxis-Tipp:

Leider hat sich hier in den letzten Jahren bei einigen Emittenten die schlechte Angewohnheit eingebürgert, einen Ausgabeaufschlag für Zertifikate zu erheben. Anleger sollten daher genau prüfen, ob es nicht ähnliche Alternativangebote von anderen Emittenten gibt, die keinen Ausgabeaufschlag verlangen. Auch ein späterer Kauf an der Börse nach der Emission könnte so lukrativer sein, als neue Zertifikate am Emissionstag über den Emittenten zu erwerben.

Laufzeit

Die Laufzeit eines Zertifikats gibt an, ab wann der Emittent die Rückzahlung an den Anleger leisten muss. Es handelt sich also um die Zeitspanne zwischen Emissionstag und Fälligkeitstag. Die Laufzeit ist von Zertifikat zu Zertifikat unterschiedlich.

Praxis-Tipp:

Für Index-Zertifikate bietet sich an, eine möglichst lange Laufzeit zu wählen oder gleich auf ein Endlos-Zertifikat zu setzen, welches eine unbegrenzte Laufzeit hat. Das spart Transaktionsgebühren und reduziert das Endfälligkeitsrisiko.

Basisobjekt

Ein weiteres Ausstattungsmerkmal ist das Basisobjekt. Es ist sozusagen die Referenz, auf die sich das Zertifikat bezieht. Bei Index-Zertifikaten ist das Basisobjekt richtigerweise ein Index, wie beispielsweise der DAX oder der Eurostoxx. Bei Basket-Zertifikaten ist das Basisobjekt dagegen ein Korb von Aktien und bei Zertifikaten auf Einzelaktien die jeweilige Aktie. Bei Themen und Strategie-Zertifikaten ist das Basisobjekt dagegen eine Konstruktion von verschiedensten Finanzmarktinstrumenten, wie beispielsweise Optionsscheinen und Futures zusammen mit einem Index, einer Einzelaktie oder einem Korb aus Aktien.

Bezugsverhältnis

Das Bezugsverhältnis gibt an, wie stark ein Zertifikatekäufer mit seinem Zertifikat an der Kursentwicklung des jeweiligen Basisobjekts beteiligt ist. Bei einem Bezugsverhältnis von 1:1 entspricht der Kurs des Zertifikats bei einem Index-Zertifikat beispielsweise exakt dem Wert des Index. Hat der Index zum Beispiel einen Indexstand von 10 000 Punkten, dann ist der Kurs des Zertifikats in diesem Fall ebenfalls 10 000 Euro. Da aber gerade Kleinanleger nicht immer solche relativ großen Geldbeträge anlegen wollen, werden auch andere Bezugsverhältnisse gewählt.

Bei einem Bezugsverhältnis von 1:10 würde der Kurs des Zertifikats einem Zehntel des Indexstands entsprechen. Bei einem Indexstand von 10 000 Punkten würde dies also 1 000 Euro für den Kurs des Zertifikats bedeuten.

Das Bezugsverhältnis ist von Zertifikat zu Zertifikat unterschiedlich. Die Information darüber, wie das Bezugsverhältnis bei einem bestimmten Zertifikat festgelegt wurde, kann dem Emissionsprospekt entnommen werden.

Dabei ist jedoch Folgendes zu beachten: Einige Emittenten verwenden für das gleiche Bezugsverhältnis unterschiedliche Bezeichnungen.

Bezugsverhältnis	Erläuterung
1:10 oder 0,1	ein Zertifikat bildet ein Zehntel des Basisobjekts ab
10:1	zehn Zertifikate werden benötigt, um den Index abzubilden

Währung

Viele Zertifikate haben als Bezugswährung nicht den Euro, sondern eine Fremdwährung. Hier ergeben sich individuelle Währungsrisiken für den Anleger, die es zu beachten gilt. Bei einigen Zertifikaten können sich aber auch die Kauf- und Rückzahlungswährungen voneinander unterscheiden. Beispielsweise ist es möglich, dass ein auf Euro laufendes Zertifikat in einer Fremdwährung wie dem US-Dollar zurückgezahlt wird. Insgesamt sind folgende Währungsszenarien identifizierbar:

Kaufwährung	Rückzahlungswährung
Euro	Euro
Euro	Fremdwährung
Fremdwährung	Euro
Fremdwährung	Fremdwährung

Spezialrechte des Emittenten

Einige Zertifikate verbriefen Spezialrechte, die es dem Emittenten ermöglichen, bestimmte Handlungsoptionen vorzunehmen. Dies ist beispielsweise häufig bei Endlos-Zertifikaten mit unbegrenzter Laufzeit der Fall. Hier räumen sich die Emittenten das Recht ein, dieses Zertifikat zu bestimmten Zeitpunkten kündigen zu dürfen, oder mit anderen Worten, ein Zertifikat mit unendlicher Laufzeit in ein Zertifikat mit begrenzter Laufzeit umzuwandeln.

Weiterhin sind auch Sonderrechte denkbar, die es dem Emittenten erlauben, die Rückzahlungshöhe des Zertifikats zu begrenzen.

Praxis-Tipp:

Anleger sollten daher vor dem Kauf eines Zertifikats den Emissionsprospekt gründlich studieren, um von sämtlichen Modalitäten Kenntnis zu erlangen.

Verbindlichkeitsrang

Da Zertifikate rein rechtlich mit Schuldverschreibungen gleichzusetzen sind (vgl. Abschnitt Konkursrisiko des Emittenten), ist eine weitere Zertifikateausstattung von Bedeutung: der Rang der Verbindlichkeit.

Der Emittent verpflichtet sich gegenüber dem Zertifikateinhaber, nach bestimmten Regeln am Laufzeitende Geld an die Anleger zurückzuzahlen. Diese Rückzahlung kann in Gefahr kommen, wenn der Emittent zahlungsunfähig wird. In diesem Szenario ist es von entscheidender Bedeutung, welchen Rang die Verbindlichkeiten der Emittenten, die durch das Zertifikat verbrieft sind, haben.

Im Allgemeinen unterscheidet man zwischen erstrangigen und nachrangigen Verbindlichkeiten. Erstere werden im Konkursfall bevorzugt behandelt und vor allen anderen Verbindlichkeiten bedient. Bei nachrangigen Verbindlichkeiten erhalten Gläubiger erst dann Geld aus der Konkursmasse, wenn alle übrigen Gläubiger bereits hinreichend bedient wurden. Sollte das verbleibende Kapital aus der Konkursmasse nicht mehr ausreichen, so müssen Inhaber von nachrangigen Zertifikaten mit einem Totalverlust rechnen.

Praxis-Tipp:

Es ist jedem Anleger anzuraten, vor dem Kauf eines Zertifikats die Einstufung des jeweiligen Zertifikats beim Emittenten zu erfragen.

Quotierungen von Zertifikaten

Zertifikate können entweder durch Zeichnung bei der Emission oder aber durch späteren Erwerb an der Börse geordert werden. Ersterer Fall wird sicherlich die Ausnahme sein. Der Kauf eines Zertifikats wird daher in den meisten Fällen über die Börse erfolgen.

Zertifikate notieren meist im Freiverkehr, was jedoch im Gegensatz zu Aktien keinen Rückschluss auf die Qualität der Zertifikate zulässt. Die wichtigsten Handelsplätze für Zertifikate sind zurzeit die Börsen Frankfurt, Stuttgart und seit neuestem auch Berlin.

Im Freiverkehr besteht im Allgemeinen ein mehr oder weniger vorhandenes Liquiditätsproblem, weil die Umsätze in einzelnen Werten unter Umständen relativ gering sein können. Nicht so aber bei Zertifikaten: Die Emittenten betreiben das so genannte Market Making, d. h., sie stellen für ihre Zertifikate ständig Ankaufs- und Verkaufskurse. Damit gewährleisten die Emittenten immer einen funktionierenden Handel.

Dazu muss der Emittent jedoch Kurse stellen, die dem Fair Value des Zertifikats entsprechen. Diese lassen sich mehr oder weniger einfach berechnen. Da Emittenten keine Wohlfahrtsunternehmen sind, sondern auf Profitgenerierung abzielen, werden die Kurse nicht auf Fair Value Basis berechnet, sondern mit mehr oder weniger starken Ab- bzw. Aufschlägen auf den fairen Wert.

Die Differenz zu den Kursauf- und Kursabschlägen wird als Spread bezeichnet und die Spanne als Geld/Brief-Spanne.

Die Market Maker stellen für jedes Zertifikat zwei Kurse. Zum einen den Verkaufskurs, zu dem der Emittent bereit ist, Kaufaufträge abzuwickeln (Briefkurs), und zum anderen einen Ankaufskurs, zu dem der Emittent die Verkaufaufträge der Kunden bedient (Geldkurs).

Der Briefkurs ist dabei immer höher als der Geldkurs, d. h., Anleger, die ihre Zertifikate verkaufen möchten, bekommen einen niedrigeren Kurs gestellt als Anleger, die die Zertifikate kaufen möchten. Diese Spreadspanne trägt damit wesentlich zu den erwirtschafteten Erträgen der Emittenten bei. Die Höhe des Spreads wird a priori von den Emittenten im Verkaufsprospekt festgelegt. Unter Umständen kann hiervon aber auch im weiteren Zeitverlauf abgewichen werden (vgl. Abschnitt Spreadrisiko).

Die Höhe des Spreads ist dabei folgendermaßen definiert:

Spread in Prozent = (Briefkurs – Geldkurs) x 100

Neben dem Handel an der Börse können Zertifikate auch im außerbörslichen Handel erworben und verkauft werden. Hier wird die Transaktion dann direkt zwischen dem Anleger und der Bank abgewickelt. Die Deutsche Bank beispielsweise nennt ihren außerbörslichen Handel PIP-Service. PIP steht dabei für „Price Improvement“. Wenn ein Anleger hier eine Transaktion tätigen will, dann erfährt er vor Ausführung dieser Transaktion den Geld- bzw. Briefpreis. Ist er mit dem Preis einverstanden – und nur dann –, erfolgt der eigentliche Kauf bzw. Verkauf. Der Anleger kennt bei dieser Handelsform im Gegensatz zu einer börslichen Ausführung, also im Vorhinein, den Ausführungskurs.

Praxis-Tipp:

Ein weiterer Vorteil dieser Handelsform ist, dass die Transaktionsgebühren hier oft niedriger sind als bei der börslichen Ausführung. Anleger sollten daher vor einer Transaktion prüfen, welcher Handelsweg für sie persönlich der preiswerteste und angenehmste ist.

Gebühren beim Zertifikatekauf

Beim Kauf und Verkauf von Zertifikaten fallen diverse Gebühren an, die ein Anleger bei seinen Anlageentscheidungen berücksichtigen sollte. Häufige Käufe und Verkäufe können sonst die erzielbare Rendite entscheidend reduzieren.

Folgende Kosten und Gebühren lassen sich identifizieren:

Spread

Die Differenz zwischen den An- und Verkaufskursen muss sowohl im börslichen als auch im außerbörslichen Handel entrichtet werden. Die Spreadspanne kann je nach Zertifikat und abgebildetem Basisobjekt schon mal bei zwei Prozent und mehr liegen.

Aufgeld

Das Aufgeld fällt nur bei relativ wenigen Zertifikaten an. Besonders betroffen davon sind Basket-Zertifikate. Hier wollen die Emissionsbanken am Emissionstag Erträge generieren. Die Höhe ist von Zertifikat zu Zertifikat unterschiedlich und bewegt sich in der Regel zwischen ein und drei Prozent.

Bankgebühren

Beim Kauf und Verkauf verlangt die Depotbank des Anlegers Transaktionsgebühren. Diese sind meist genauso hoch wie für den Kauf und den Verkauf von Aktien. Bei Sparplänen auf Zertifikate werden diese Gebühren meist reduziert. Einige Banken bieten für den außerbörslichen Handel Sonderkonditionen an, die zum Teil wesentlich niedriger sein können als beim börslichen Handel.

Börsenplatzabhängige Gebühr

Diese Gebühr fällt nur bei börslichen Orders an. Früher war diese Gebühr in den Bankgebühren enthalten. Im Zuge des Bestrebens nach Profitmaximierung einiger Banken wird sie nun meist extra berechnet und liegt in der Regel im Bereich weniger Euros.

Maklercourtage

Diese Gebühr fällt nur im börslichen Handel an. Es handelt sich hierbei um die Provision der Börsen-Makler. Die Gebühr beträgt zurzeit 0,08 Prozent vom Auftragsvolumen.

Managementgebühr

Wie auch bei Investmentfonds verlangen einige Emittenten von Zertifikaten eine Managementgebühr. Sie liegt meist im Bereich um 0,5 Prozent pro Jahr.

Neben diesen Kosten können Zertifikate jedoch auch indirekte Kosten beherbergen. Zertifikate beteiligen den Anleger in der Regel nicht an Dividendenausschüttungen. Diese entgangenen Dividenden können in Form entgangener Erträge auch als Kosten aufgefasst werden. Die Höhe ist von dem jeweiligen Basisobjekt abhängig. Sollte es sich bei dem Basisobjekt beispielsweise um eine dividendenstarke Aktie handeln, können dem Anleger unter Umständen Erträge in Höhe von drei bis vier Prozent entgehen. Sollte es sich hingegen um einen Aktienkorb aus Biotechnologieaktien handeln, so fällt dieser entgangene Gewinn kaum ins Gewicht, da Biotechnologieaktien in der Regel, wenn überhaupt, nur geringe Dividenden ausschütten.

Quantifizierung von Zertifikaten

2

Plain-Vanilla-Zertifikate

Bei den hier schon mehrfach erwähnten Index-Zertifikaten entwickelt sich der Kurs der Zertifikate proportional zum Wert des Basisobjekts, also hier speziell zu dem des Index. Steigt beispielsweise der Kurs des Index um 10 Prozent, so steigt auch der Kurs des Zertifikats um 10 Prozent. Diese Form von Zertifikaten wird auch als „herkömmliches" Zertifikat bezeichnet. Für diese Produktgruppe hat sich jedoch auch ein anderer Name etabliert: „Plain-Vanilla".

Alle Zertifikate, die von dieser Norm abweichen, bezeichnet man im Allgemeinen als „exotische" oder aber auch als „strukturierte" Zertifikate. Bei den exotischen Zertifikaten entwickelt sich der Kurs des Zertifikats nicht gleichläufig zum Wert des jeweils zugrunde liegenden Basiswerts. Dies wird dadurch hervorgerufen, dass bei dieser Art von Produkten bestimmte spekulative Finanzprodukte, wie beispielsweise Optionsscheine oder Futures, in dem Zertifikat mit eingeschlossen sind.

Im weiteren Verlauf dieses Kapitels werden einige wichtige Zertifikate näher erläutert. Begonnen wird mit einigen Plain-Vanilla-Zertifikaten auf Indizes, Aktien und Baskets. Im Anschluss daran werden einige interessante strukturierte Zertifikate vorgestellt, mit denen der Anleger strategische Anlageentscheidungen umsetzen kann, um am Auf und Ab der Börsen zu partizipieren. Es wird insbesondere gezeigt, wie man in einer Stagnationsphase oder sogar in Phasen fallender Börsennotierungen Gewinne erwirtschaften kann.

Index-Zertifikate

Die Anlage in Investmentfonds verliert immer mehr an Bedeutung. Dies geschieht vor dem Hintergrund, dass herkömmliche Fonds diverse Gebühren erheben und dann nicht einmal den Vergleichsindex schlagen. Gerade die letzten Börsenjahre haben gezeigt, wie gut die einzelnen Manager sind. Bei einer genaueren Analyse konnte festgestellt werden, dass nur etwa 20 Prozent aller Aktienfonds den entsprechenden Vergleichsindex auf Dauer schlagen. Rechnet man nun noch den Ausgabeaufschlag von bis zu sechs Prozent und die jährliche Verwaltungsgebühr von bis zu zwei Prozent dazu, so fährt man in 80 Prozent der Fälle mit einem Index-Zertifikat besser als mit einem Aktienfonds.

In keinster Weise gerechtfertigt haben die Investmentgesellschaften in den letzten Jahren ihre Gebühren zum Teil dramatisch erhöht. Eine Verdopplung der Verwaltungsgebühren war bei einigen Gesellschaften keine Seltenheit. Dies passierte vor dem Hintergrund, dass die

Fonds fast alle schwerwiegende Kursverluste hinnehmen mussten. Mit anderen Worten: Durch die fatalen Fehlentscheidungen der Manager wurde allen die Unfähigkeit dieser Berufsklasse vor Augen geführt und zusätzlich zu den herben Vermögensverlusten, die die meisten Anleger in Kauf nehmen mussten, wurden auch noch die Gebühren erhöht. Damit hat sich diese Anlageklasse selbst disqualifiziert.

Index-Zertifikate erfreuen sich hingegen immer stärkerer Beliebtheit. Es fallen beim Kauf und beim Verkauf lediglich Gebühren an, die auch bei Aktien bezahlt werden müssen. Und die sind im Vergleich zu den mit Investmentfonds verbundenen Gebühren fast vernachlässigbar. Weiterhin besteht in der Regel nicht die Gefahr, dass ein unfähiger Manager das Geld der Anleger durch Fehlentscheidungen vernichtet.

Kriterium	**Index-Zertifikat**	**Fonds**
Laufzeit	begrenzt oder endlos	unbegrenzt
Kursfeststellung	fortlaufend	einmal börsentäglich
Transaktionskosten	wie bei Aktien	0 bis 6 Prozent
Managementgebühr	in der Regel keine	bis zu 2 Prozent
Erfolgsbeteiligung	keine	bis zu 20 Prozent
Dividenden	Performanceindex: reinvestiert Kursindex: keine	ausgeschüttet oder thesauriert
Managementstil	passiv	aktiv
Vergleichsindex	Abbildung 1:1	als Benchmark zu Vergleichszwecken
Risiko	Kurs-, Spread- und Emittentenrisiko	Kurs- und Managementrisiko

Aber was ist ein Index-Zertifikat nun genau? Ein Index-Zertifikat ist ein so genanntes passives Investment. Bei dieser Anlageform wird kein aktives Vermögensmanagement betrieben, sondern nur ein Markt bzw. ein Index in seiner Gesamtheit abgebildet. Steht der Index beispielsweise bei 1 000 Punkten, so steht der Kurs für ein Zertifikat auch bei 1 000 Euro. Fällt der Index um 10 Punkte, so fällt folglich auch der Kurs des Zertifikates um 10 Euro. Steigt der Kurs beispielsweise um 20 Punkte, so steigt der Kurs entsprechend ebenfalls um 20 Euro. Aber nicht alle Zertifikate bilden den Index 1:1 ab.

Einige bilden ihn zum Beispiel 1:10 oder 1:100 ab. Hier ergibt sich der Kurs entsprechend 1000/10 = 100 bzw. 1000/100 = 10.

Chance/Risiko-Profil von Index-Zertifikaten

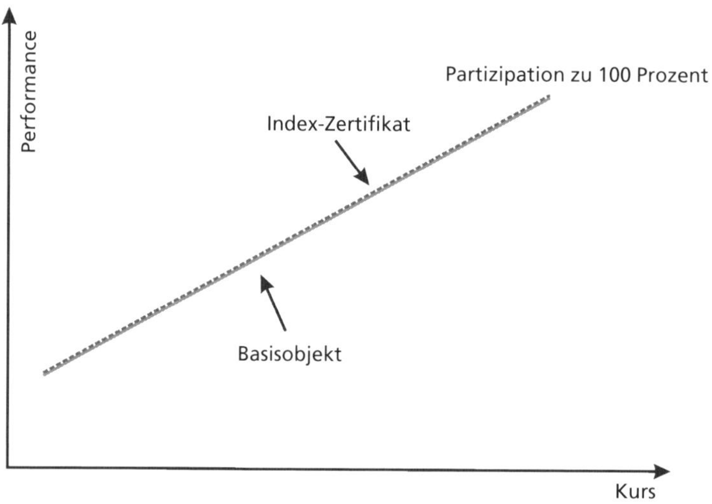

Die folgende Tabelle gibt einen Überblick über einen möglichen Kursverlauf eines Zertifikats, verglichen mit dem zugrunde liegenden Index.

Monat	Indexstand	Kurs des Zertifikats
01/06	4000	40,00
02/06	4129	41,29
03/06	3875	38,75
04/06	3875	38,75
05/06	3936	39,36
06/06	4038	40,38
07/06	4200	42,00
08/06	4236	42,36
09/06	4401	44,01
10/06	4328	43,28
11/06	4399	43,99
12/06	4249	42,49

Praxis-Tipp:

Bei der Anlage in Index-Zertifikaten sind zwei wichtige Punkte zu beachten, zum einen die Laufzeit des Zertifikates, zum anderen der so genannte Cap (Deckel). Der Anleger sollte eine möglichst lange Laufzeit wählen, da sich so die Kaufgebühren auf einen längeren Zeitraum verteilen. Weiterhin ist darauf zu achten, dass das Zertifikat keinen Cap besitzt.

Einige Zertifikate haben einen solchen Cap. Das heißt nichts anderes, als dass der Kursanstieg des Zertifikates auf eine bestimmte Summe begrenzt ist. Steigt der Index über diesen Wert, so gewinnt das Zertifikat nicht mehr an Wert, obwohl der Index steigt.

Beispiel:

Der Index hat einen Stand von 1 000 Punkten. Das Zertifikat bildet den Index 1/10 ab. Folglich hat das Zertifikat einen Wert von 100 Euro. Steigt der Index auf 2 000 Punkte, so steigt auch das Zertifikat auf 200 Euro. Besitzt das Zertifikat nun beispielsweise einen Cap bei 1 800 Punkten, so bedeutet dies nichts anderes, als dass das Zertifikat nicht höher als 180 Euro im Wert steigen kann, unabhängig davon, wie hoch der Index noch steigt. Daher sollte man Index-Zertifikate mit einem Cap meiden.

Checkliste: Index-Zertifikate

Vorteile:

Partizipation an Kursentwicklung des Index in vollem Umfang

Meist niedriger Spread

Kein Ausgabeaufschlag

Börsentägliche Handelbarkeit

Häufig unbegrenzte Laufzeit

Steuerfreie Partizipation an Dividenden bei Performanceindizes (bei entsprechend langer Haltedauer)

Nachteile:

Bei Kursindizes Verzicht auf Partizipation an Dividenden

Es gibt für fast alle Indizes der Welt entsprechende Index-Zertifikate. Die folgende Tabelle listet für einige wichtige Indizes empfehlenswerte Index-Zertifikate auf, die eine unbegrenzte Laufzeit haben und daher für Anleger, die diese Indizes abbilden wollen, empfehlenswert sind.

Index	Emittent	Laufzeit	Bezugs-verhältnis	ISIN
DAX	Deutsche Bank ABN Amro	endlos endlos	1:100 1:100	DE0007093353 DE0005437412
MDAX	HSBC Trinkhaus	endlos	1:100	DE0007419079
SDAX	HSBC Trinkhaus	endlos	1:100	DE000TB1CQD9
TecDAX	Dresdner Bank Deutsche Bank	endlos endlos	1:10 1:100	DE0006351950 DE0008319997
EUROSTOXX 50	UBS Deutsche Bank	endlos endlos	1:100 1:100	CH0013380867 DE0007093411
STOXX 50	UBS	endlos	1:100	CH0012171663
Dow Jones Ind.	Deutsche Bank Commerzbank	endlos endlos	1:100 1:100	DE0007223521 DE0006280183
S&P 500	Deutsche Bank ABN Amro	endlos endlos	1:100 1:10	DE0007093361 DE0005591325
Nasdaq 100	Commerzbank Deutsche Bank	endlos endlos	1:100 1:100	DE0007029779 DE0007093395
Nikkei	Commerzbank JPM	endlos endlos	1:1000 1:100	DE0007029761 GB0073934571
FTSE 100	SGA Deutsche Bank	endlos endlos	1:100 1:100	DE0008194416 DE0007223760
AEX	Commerzbank	endlos	1:10	DE0007036782
ATX	Commerzbank	endlos	1:10	DE0007036790
CAC 40	Commerzbank	endlos	1:100	DE0007036808
IBEX 35	HypoVereinsbank	endlos	1:1000	DE0007873283
SMI	ABN Amro	endlos	1:100	DE0005437461
CECE Euro Osteuropa	Raiffeisen Centrobank	endlos	1:100	AT0000340500
China H-Share	ABN Amro	endlos	1:4,35	DE0006859648
Hang Seng Index	Deutsche Bank	endlos	1:10	DE0003721411

Sektor-Index-Zertifikate

Neben der Anlage in einzelnen Index-Zertifikaten, die die Kursentwicklung des jeweiligen Index abbilden, gibt es auch die Möglichkeit, einzelne Teilsektoren eines Index abzubilden. Ein solcher Teilsektor kann eine Branche wie beispielsweise die Chemie- oder die Finanzbranche sein. Anleger können so an der Entwicklung dieses Teilsektors partizipieren, ohne ein spezifisches Einzelaktienrisiko einzugehen. Anstatt beispielsweise die Aktie einer ganz bestimmten Bank zu erwerben, kann ein Mix von verschiedenen Banken gekauft werden. Hierdurch haben Anleger erstmalig die Möglichkeit, entsprechend dem Börsenzyklus auf unterschiedliche Branchen zu setzen. Dies ist deshalb so interessant, weil die einzelnen Branchen sich im Verlauf des Börsen- und Konjunkturzyklus unterschiedlich entwickeln. Manche Branchen profitieren von einem Konjunkturaufschwung und steigen, während andere fallen und umgekehrt. Mit anderen Worten, es ist eine Branchenrotation zu beobachten. Sektor-Index-Zertifikate ermöglichen es dem Anleger, an dieser Branchenrotation zu partizipieren.

Die folgende Abbildung verdeutlicht den Konjunktur- und Börsenverlauf. Wie man sehr schön erkennen kann, verläuft die Börsenentwicklung parallel zur Entwicklung der Konjunktur, nur mit dem Unterschied, dass der zeitliche Verlauf um ca. sechs bis zwölf Monate verschoben ist. Das heißt, die Börse nimmt zukünftige Entwicklungen vorweg und eignet sich daher zur frühzeitigen Prognostizierung von konjunkturellen Trends.

Konjunktur- und Börsenzyklus

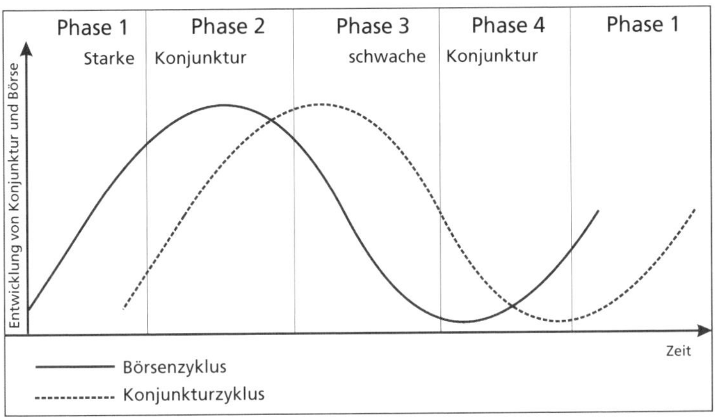

Zyklus	Phase 1	Phase 2	Phase 3	Phase 4
Wachstum	+	++	–	– –
Zinsen	–	+	+	–
Industrie-produktion	+	++	–	–
Aussichten	++	+/–	– –	+
Gewinne	–	+/–	+	+/–
Konsum	+	+/–	– –	– –

Die erste Phase ist durch sinkende Zinsen am Kapitalmarkt gekennzeichnet. Dieser Umstand und die steigenden Wachstumsraten der Wirtschaft haben steigende Investitionen und eine steigende Industrieproduktion zur Folge. Mit anderen Worten, die Konjunktur startet durch, und die Wirtschaft wächst. In dieser Phase waren in den letzten Jahrzehnten besonders Aktien aus den Branchen Technologie, Industrie und Telekommunikation gefragt. Folglich sollten in dieser Phase diese Branchen übergewichtet werden. Aktien aus den Branchen Finanzen, Pharma und Versorger hingegen weisen zum Teil erhebliche Kursverluste auf. Daher sollten diese Branchen gemieden werden.

In der zweiten Phase beginnen die Zinsen am Kapitalmarkt langsam anzusteigen: Die Zentralbanken erhöhen die Leitzinsen. Diese Leitzinsanpassung wird deshalb vorgenommen, weil die Konjunktur auf Hochtouren läuft und man so eine Überhitzung der Wirtschaft vermeiden will. Weiterhin will man verhindern, dass durch zu starkes Wirtschaftswachstum eine Inflation und eine damit einhergehende Geldentwertung stattfindet. In dieser Phase stiegen in den letzten Jahrzehnten vor allem Aktien aus den Branchen Technologie, Telekom und Industrie. Somit profitieren dieselben Sektoren wie in Phase eins. Bei den Verliererbranchen gab es jedoch eine kleine Verschiebung. Besonders verlieren hier Aktien aus dem Bereich Energie, Versorger und Finanzen. Folglich sollte die Branchenverteilung im Depot rechtzeitig angepasst werden.

In der dritten Phase ist ein Rückgang in der Konjunktur zu beobachten. Die Industrieproduktion sinkt und der Konsum, sei es der von der Industrie oder aber der private Konsum, geht rapide zurück. Dies verstärkt im Laufe der Zeit den Konjunkturrückgang. Diesem Konjunkturrückgang entgegnen Firmen meist, indem sie umfangreiche

Kostensenkungsprogramme durchführen, in denen vor allem massiv Arbeitsplätze abgebaut werden. Dies hat zur Folge, dass insbesondere die privaten Verbraucher ihre Sparrate erhöhen und den Konsum noch weiter reduzieren. Die Zinsen am Kapitalmarkt steigen aber meist noch durch weitere Leitzinserhöhungen. In dieser Konjunkturlage sollten vor allem Aktien aus den Bereichen Pharma, Versorger und Finanzen erworben werden. Aktien aus den Bereichen Technologie, Rohstoffe und Telekommunikation hingegen sollten gemieden werden.

In der vierten Phase schließlich fällt die Konjunktur immer mehr, so dass eine mehr oder weniger starke Konjunktur- oder besser Wirtschaftskrise vorherrscht. Das Wachstum ist negativ, die Industrieproduktion geht noch weiter zurück und die Verbraucher sind in Sorge um ihre Arbeitsplätze und daher im Konsumstreik. Daraufhin versuchen die Notenbanken mit Zinssenkungen die Wirtschaft anzukurbeln, damit die wirtschaftlichen Aussichten sich verbessern und eine weitere Deflation vermieden wird. In dieser Phase steigen in der Regel, wie auch schon in der dritten Phase, vor allem Aktien aus den Branchen Pharma, Versorger und Finanzen. Aktien aus den Bereichen Energie, Technologie und Rohstoffe hingegen fallen.

Phase 1	Phase 2	Phase 3	Phase 4
↑ Technologie	↑ Technologie	↑ Pharma	↑ Pharma
↑ Industrie	↑ Telekom	↑ Versorger	↑ Versorger
↑ Telekom	↑ Industrie	↑ Finanzen	↑ Finanzen
↓ Finanzen	↓ Finanzen	↓ Technologie	↓ Energie
↓ Pharma	↓ Energie	↓ Rohstoffe	↓ Technologie
↓ Versorger	↓ Versorger	↓ Telekom	↓ Rohstoffe

Da Einzelaktien aber trotz günstiger Prognose durch die Branchenrotation aufgrund von Sondersituationen fallen können, besteht insofern ein spezifisches Einzelaktienrisiko. Dieses Einzelaktienrisiko kann durch den Kauf von Sektor-Index-Zertifikaten verringert oder sogar ganz vermieden werden, da in diesem Fall die gesamte Branche Gegenstand der Spekulation ist.

Leider ist es aber trotz Kenntnis der Branchensituation nicht immer einfach, den richtigen Zeitpunkt für den Kauf und Verkauf zu finden, da die Börse sich zwar an der Konjunktur orientiert, aber nicht zwangsläufig parallel verläuft. Man kann in der Regel feststellen, dass an der Börse die Zukunft gehandelt wird, so dass die Börsenkurse meist einen zeitlichen Vorlauf von sechs bis zwölf Monaten haben, d. h., die Börsenkurse werden beispielsweise schon sechs bis zwölf Monate vor dem Konjunkturtal wieder nach oben drehen und steigen. Umgekehrt werden die Börsennotierungen bereits wieder fallen, bevor der Konjunkturhöhepunkt erreicht ist. Das macht die Sache für den Anleger etwas kompliziert. Dennoch sollte ein Anleger diese Branchenrotation in seinen Anlageentscheidungen berücksichtigen.

Für die Abbildung von Branchen gibt es eine Vielzahl von Sektor-Index-Zertifikaten. Die folgende Tabelle soll daher einen kleinen Überblick über mögliche Sektor-Index-Zertifikate geben, die sich für die Umsetzung der Branchenrotationsstrategie eignen:

Sektor	Emittent	Laufzeit	Bezugsverhältnis	ISIN
Eurostoxx Auto	Citibank	Endlos	1:10	DE0007403065
Eurostoxx Banken	Citibank	Endlos	1:10	DE0007403073
Eurostoxx Healthcare	Citibank	Endlos	1:10	DE0007403081
Stoxx Auto	Commerzbank	Endlos	1:10	DE0007036873
Stoxx Banken	Commerzbank	Endlos	1:10	DE0007036881
Stoxx Chemie	Commerzbank	Endlos	1:10	DE0007036899
Stoxx Energie	Commerzbank	Endlos	1:10	DE0007036907
Stoxx Medien	Commerzbank	Endlos	1:10	DE0007036931
Stoxx Nahrung	Commerzbank	Endlos	1:10	DE0007036915
Stoxx Pharma	Commerzbank	Endlos	1:10	DE0007036949
Stoxx Technologie	Commerzbank	Endlos	1:10	DE0007036956
Stoxx Telecom	Commerzbank	Endlos	1:10	DE0007036964
Stoxx Versicherung	Commerzbank	Endlos	1:10	DE0007036923
Stoxx Versorger	Commerzbank	Endlos	1:10	DE0007036972
Amex Biotechnology	ABN Amro	Endlos	1:10	DE0006106701
Amex Oil	UBS	Endlos	1:10	CH0014388547

Checkliste: Sektor-Index-Zertifikate
Vorteile:
Partizipation an Kursentwicklung des Branchenindex in vollem Umfang
Reduzierung des Einzelaktienrisikos
Meist niedriger Spread
Kein Ausgabeaufschlag
Börsentägliche Handelbarkeit
Häufig unbegrenzte Laufzeit
Partizipation an Branchenrotation
Nachteile:
Häufig Verzicht auf Partizipation an Dividenden

Basket-Zertifikate

Neben reinen Index-Zertifikaten, die sich auf einen Index beziehen, gibt es auch so genannte Basket-Zertifikate. Diese gehören wie die reinen Index-Zertifikate zu den Plain-Vanilla-Zertifikaten.

Basket-Zertifikate bilden keinen Index ab, sondern einen so genannten Korb aus Aktien. In diesem Korb befinden sich unterschiedlichste Aktien, je nachdem, welchen Anlageansatz das Basket-Zertifikat verfolgt. Häufig verwendet man dabei Aktien, die der gleichen Branche angehören. So können beispielsweise Aktienkörbe mit Biotechnologieaktien erstellt werden, deren gemeinsamer Kursverlauf durch die Zertifikate abgebildet werden. Der Anleger kann so von der Kursentwicklung der Biotechnologiebranche partizipieren, ohne ein zu hohes Einzelaktienrisiko einzugehen und von unfähigen Fondsmanagern abhängig zu sein. Basket-Zertifikate bieten in diesem Fall eine Art Diversifizierung der Portfoliostruktur. Dieser Trend der Branchenabbildung gewinnt seit letzter Zeit immer mehr an Bedeutung, was an den aktuellen Verkaufszahlen abzulesen ist.

Anleger können sich mit Hilfe von Basket-Zertifikaten ihr Portfolio optimal und mit relativ geringem Finanzaufwand strukturieren. So können Branchen wie beispielsweise Chemie, Banken, Wassertechnologie oder aber auch Goldminen entsprechend den Vorstellungen der Anleger mittels einigen wenigen Zertifikaten im Portfolio mit einer ausreichenden Diversifikation gewichtet werden.

Checkliste: Basket-Zertifikate
Vorteile:
Abbildung von Branchen bzw. Aktienkörben
Höhere Diversifikation als im Einzelinvestment
Börsentäglicher Kauf und Verkauf möglich
Nachteile:
Endfälligkeitsrisiko – Möglichkeit, dass am Ende der Laufzeit kein Folgezertifikat existiert
Oft hoher Spread
Bei Emission oft Ausgabeaufschlag
Verzicht auf Dividenden

Quanto-Zertifikate

Bei der bisherigen Betrachtung von Index-Zertifikaten, Sektor-Index-Zertifikaten und Basket-Zertifikaten wurde immer davon ausgegangen, dass diese Zertifikate die Kursentwicklung des jeweiligen Basisobjekts (Index) 1:1 widerspiegeln. Dies trifft jedoch, zumindest für deutsche Anleger, nur dann zu, wenn sich die abgebildeten Basisobjekte auch im heimischen Eurowährungsraum befinden. Zertifikate, deren Basisobjekte sich jedoch beispielsweise auf den US-Dollar beziehen, weisen eine zusätzliche Währungskomponente auf. Sollte sich in diesem Fall die Währungsrelation zwischen Euro und dem US-Dollar ändern, so hätte dies direkte Auswirkungen auf den Zertifikatekurs.

Dies ist deshalb so, weil diese Zertifikate zwar die Kursentwicklung des jeweiligen Basisobjekts abbilden, jedoch diese Abbildung sich nur auf die Basisobjekte in der jeweiligen Landeswährung beziehen. Während beim Eurostoxx beispielsweise ein Punktwert von 2 500, bei einem Bezugsverhältnis von 1:1, einem Zertifikatekurs von 2 500 Euro entspricht, so bedeutet ein Punktwert von 10 000 beim amerikanischen Dow-Jones-Index eben 10 000 US-Dollar. Dieser Wert von 10 000 US-Dollar wird nun nachträglich in Euro umgewandelt und entspricht somit dem Zertifikatekurs in Euro. Das heißt, obwohl diese Zertifikate in Euro notieren, legt ein Anleger sein Kapital effektiv im Fremdwährungsbereich an und ist somit auch den Kursturbulenzen der jeweiligen Wechselkurse ausgesetzt.

Und genau um dieses Währungsrisiko zu beseitigen, wurden Quanto-Zertifikate ins Leben gerufen. Diese sichern den Zertifikateanleger gegen wechselkursbedingte Kursverluste ab, indem sie die Wertentwicklung des Basisobjekts in der jeweiligen Basiswährung abbilden.

Im obigen Beispiel würde dies dann entsprechend bedeuten, dass der Punktwert von 10 000 beim Dow-Jones-Index dann exakt 10 000 Euro entspricht. Eine Währungsumrechnung ist somit nicht notwendig, da der Anleger quasi währungsneutral investiert. Somit trägt in diesem Fall alleinig das Basisobjekt für die Kursveränderungen des Zertifikats die Verantwortung.

Um das Ziel der Währungsabsicherung zu erreichen, liegt Quanto-Zertifikaten meist eine so genannte dynamische Währungsabsicherung zugrunde, d. h., dass sich die Wertentwicklung nicht nur auf den zum Emissionszeitpunkt investierten Betrag bezieht, sondern auf jeden zukünftigen Wert der Anlage. Es sind also auch alle bisher erzielten Erträge einer Anlage gegen Wechselkursturbulenzen gesichert.

Beispiel:

Ein Anleger möchte die Wertentwicklung des Dow Jones abbilden. Dazu hat er die Wahl, entweder ein normales Index-Zertifikat oder aber ein Quanto-Zertifikat zu erwerben. Wie die Wertentwicklung dieser beiden Anlagealternativen sich entwickeln könnte, ist in folgender Tabelle zusammengefasst:

Dow Jones: 10 000 Punkte EUR/USD: 1,10 Bezugsverhältnis: 1:100	Dow Jones: 11 000 Punkte EUR/USD: 1,25 Bezugsverhältnis: 1:100
Kurs des Dow-Jones-Zertifikats: 90,90 Euro	Kurs des Dow-Jones-Zertifikats: 88,00 Euro => Performance = minus 3,2 Prozent
Kurs des Quanto-Zertifikats: 100,00 Euro	Kurs des Quanto-Zertifikats: 110,00 Euro => Performance = 10 Prozent

Wie man sehen kann, hätte ein Anleger, der in ein herkömmliches Zertifikat investiert hätte, in diesem Beispiel einen Verlust von 3,2 Prozent erwirtschaftet, und das obwohl das Basisobjekt (Dow Jones) um 10 Prozent gestiegen ist. Ein Anleger, der stattdessen ein Quanto-Zertifikat erworben hätte, hätte an der Kursentwicklung des Dow Jones im vollen Umfang partizipiert.

Ausgangslage dieses Beispiels war, dass der Euro gestiegen und der Dollar gefallen ist. Dies muss jedoch nicht immer so sein. Genauso gut hätte der Euro fallen und der Dollar steigen können. Dann hätte der Anleger auf Eurobasis, aufgrund der Währungsgewinne, natürlich eine deutlich bessere Rendite erzielt als der Anleger mit einem Quanto-Zertifikat.

Praxis-Tipp:

Ein Anleger sollte also vor einer Investmententscheidung überlegen, mit welcher Währungsentwicklung er rechnet, und dann entsprechend entweder ein herkömmliches Zertifikat oder eben ein währungsgesichertes Quanto-Zertifikat erwerben. Anleger, die alleinig nur den Index abbilden wollen, können mit Quanto-Zertifikaten nichts falsch machen. Wer hingegen Währungsschwankungen ausnutzen will und die damit einhergehenden Risiken akzeptiert, für den sind die herkömmlichen Zertifikate das Mittel zum Zweck.

Quanto-Zertifikate gibt es natürlich nicht nur auf Indizes, sondern auch auf Einzelaktien, Rohstoffe und Edelmetalle. Insbesondere bei Edelmetallen sollten Anleger die Vorzüge von Quanto-Zertifikaten in die Anlageentscheidung mit einfließen lassen. Da Edelmetalle in US-Dollar notieren, geht ein Anleger somit immer implizit ein Währungsrisiko ein.

Wenn man beispielsweise den Kursverlauf des Goldpreises mit dem des US-Dollars vergleicht, so stellt man fest, dass beide eine negative Korrelation zueinander aufweisen. Stieg in der Vergangenheit das Gold, so fiel der US-Dollar und umgekehrt, d. h., die Aufwärtsbewegungen des Goldpreises, die Anleger in den letzten Jahren beobachten konnten, gingen so an den Anlegern fast vollständig vorbei, da der US-Dollar im gleichen Zeitraum fiel. Um genau diesen Effekt zu kompensieren, können auch hier Quanto-Zertifikate eingesetzt werden, die die Risikokomponente Währung ausschalten. Damit ist es für Anleger erstmals möglich, an der Kursentwicklung des Goldes in vollem Umfang und ohne Währungseinflüsse zu partizipieren.

Für die Währungsabsicherung von Quanto-Zertifikaten fallen natürlich Kosten an, die von den Anlegern getragen werden müssen. Dies geschieht in der Form, dass beispielsweise die Erträge aus dem Basisobjekt wie Dividenden oder Zinsdifferenzen zum Euro hierfür verwendet werden. Für die Höhe der Kosten ist dabei hauptsächlich die Korrelation zwischen der jeweiligen Währung und dem Basisobjekt verantwortlich. Da die Währungsabsicherung täglich neu eingegangen werden muss, können sich so diese Kosten täglich verändern. Sie werden bei endlos laufenden Zertifikaten dann kontinuierlich vom Wert des Zertifikats abgezogen.

In der folgenden Tabelle werden einige interessante Endlos-Quanto-Zertifikate aufgeführt, in die sich ein Investment lohnen könnte.

Zertifikat	Emittent	Laufzeit	Bezugsverhältnis	ISIN	Spread
S&P 500	ABN Amro	Endlos	1:100	DE000A0AB875	0,5 %
AMEX Biotech	ABN Amro	Endlos	1:10	DE000A0AB883	2,0 %
AMEX Gold Bugs	ABN Amro	Endlos	1:10	DE000A0AB834	2,0 %
Nikkei 225	ABN Amro	Endlos	1:100	DE0006098205	0,4 %
TOPIX	ABN Amro	Endlos	1:100	DE0009057646	1,0 %
Hang Seng China	ABN Amro	Endlos	1:10	DE000A0ABG39	2,0 %
Hang Seng Index	ABN Amro	Endlos	1:100	DE000A0ABG21	1,5 %
Gold	ABN Amro	Endlos	1:10	DE000A0AB842	1,0 %
Silber	ABN Amro	Endlos	1:1	DE000A0AB826	1,0 %
Platin	ABN Amro	Endlos	1:100	DE000A0AB867	1,5 %
Palladium	ABN Amro	Endlos	1:10	DE000A0AB859	5,5 %

Checkliste: Quanto-Zertifikate

Vorteile:

Partizipation an Kursentwicklung des Index in vollem Umfang

Währungsabsicherung

Kein Ausgabeaufschlag

Börsentägliche Handelbarkeit

Häufig unbegrenzte Laufzeit

Nachteile:

Oft hoher Spread (bis zu 6 Prozent)

Verzicht auf Dividenden

Zertifikate mit Risikopuffer

Discount-Zertifikate (BLOC)

In letzter Zeit hört man immer wieder, dass Emissionshäuser Aktien oder aber Indizes mit beträchtlichem Rabatt zum aktuellen Börsenwert anbieten. Das hört sich verlockend an, hat aber einen Haken, denn geschenkt bekommt man an der Börse nichts. Der Haken liegt hier in der Gewinnbegrenzung.

Mit dem Kauf eines Discount-Zertifikats erwirbt der Zertifikateinhaber das Recht auf eine Aktie, die er aber erst zu einem späteren Zeitpunkt erhält. Dieser Zeitpunkt wird auch als Ausübungszeitpunkt bezeichnet.

Anleger erhalten die Aktie jedoch mit einem Preisnachlass (Discount) auf den aktuellen Börsenkurs. Diesen Discount erkauft man sich zum einen durch den Verzicht auf Dividenden und zum anderen dadurch, dass man dem Emittenten das Recht einräumt, ab einer festgelegten Grenze (Cap) von weiteren Kurssteigerungen der zugrunde liegenden Aktie zu profitieren.

Das heißt, bei Fälligkeit der Discount-Zertifikate erhält der Anleger nämlich die Aktie nur dann, wenn sie unter einer vorher festgelegten Kursmarke liegt. Liegt der Kurs höher als der festgelegte, so wird ein ebenfalls vorher festgelegter Geldbetrag in bar ausgezahlt. Diese Form von Zertifikaten wird auch unter dem Namen „BLOC" angeboten. Dabei steht das BLOC für Buy Low Or Cash.

Beispiel:

Der Kurs der „Muster AG" Aktie notiert bei 100 Euro und der Basispreis soll bei 90 Euro liegen. Es existiert ein Cap von 130 Euro.

Liegt nun der Kurs bei Laufzeitende unter 130 Euro, so erhält der Anleger eine Aktie der „Muster AG". Ist der Kurs jedoch höher als 130 Euro, also beispielsweise bei 160 Euro, so erhält der Anleger 130 Euro in bar. Das heißt, der maximale Gewinn ist auf 44,4 Prozent begrenzt:

(130 Euro – 90 Euro)/90 Euro = 0,444 = 44,4 Prozent

Der Vorteil bei diesen Zertifikaten liegt in dem eingebauten Risikopuffer, der ja dadurch entstanden ist, dass der Basispreis 10 Euro unter dem Aktienkurs liegt. Sollte nun beispielsweise der Aktienkurs zum Laufzeitende von 100 Euro auf nur noch 95 Euro fallen, so hätte

Ertragsbegrenzung bei Discount-Zertifikaten

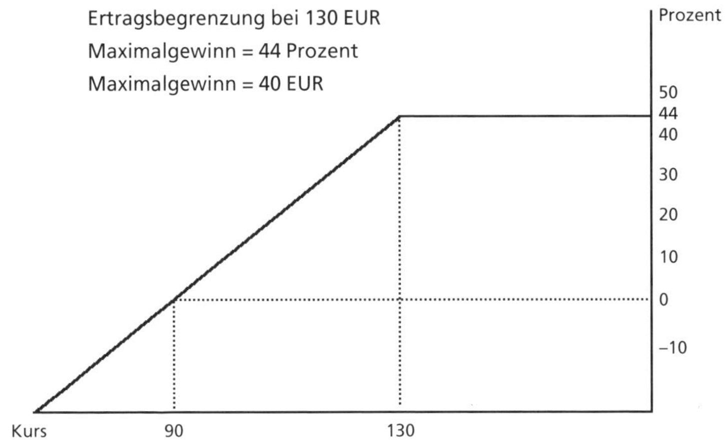

ein Direktanleger in Aktien einen Verlust zu verschmerzen, nicht aber der Discount-Zertifikate-Anleger. Er bekommt am Laufzeitende die Aktie geliefert. Hierfür hat er aber nur 90 Euro bezahlt. Hier wirkt sich der durch den Discount erworbene Risikopuffer aus.

Chance/Risiko-Profil von Discount-Zertifikaten

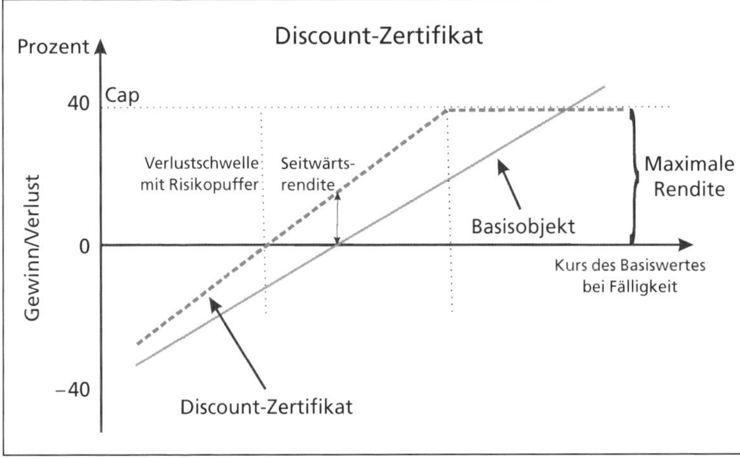

Sollte der Kurs aber nun noch weiter fallen, auf beispielsweise 70 Euro, dann erhält der Anleger am Laufzeitende zwar trotzdem die Aktie geliefert, jedoch hat er einen Verlust zu verkraften auch wenn dieser durch den Discount etwas abgemildert worden ist.

Praxis-Tipp:

Diese Zertifikate entwickeln sich nur dann zu Top-Werten im Depot, wenn sich die Kurse der Aktien nicht sehr stark bewegen oder stagnieren. Solange das Basisobjekt am Laufzeitende über dem Kaufkurs des Zertifikats notiert, hat der Anleger bereits einen Gewinn erzielt. Die Aktie muss dazu nicht einmal steigen.

Aber was steckt nun eigentlich hinter einem Discount-Zertifikat? Da es sich um eine Kombi-Anlage handelt, muss es sich also um eine Zusammensetzung aus verschiedenen Anlageprodukten handeln.

In obigem Beispiel handelt es sich demnach um den Kauf der Aktie der „Muster AG" sowie dem gleichzeitigen Verkauf einer Kaufoption mit dem Ausübungspreis von 130 Euro. Der Verkaufserlös aus dem Verkauf des Calls verschafft dem Emittenten die Möglichkeit, den Rabatt (Discount) zu gewinnen. Diese Strategie der Emittenten wird auch als „Covered Call Writing" bezeichnet.

Checkliste: Discount-Zertifikate
Vorteile:
Erwerb der Aktie mit Discount
Eingebauter Sicherheitspuffer
Nachteile:
Gewinnbegrenzung
Volles Kursrisiko der zugrunde liegenden Aktie

Rolling-Discount-Zertifikate

Der Kauf von Discount-Zertifikaten ist aus Anlegersicht oft vorteilhafter als der direkte Kauf des Basisobjekts. Leider besitzen Discount-Zertifikate aber eine begrenzte Laufzeit, so dass Anleger sich sehr aktiv um ihr Investment kümmern müssen. Rolling-Discount-Zertifikate besitzen eine unbegrenzte Laufzeit.

Praxis-Tipp:

Rolling-Discount-Zertifikate sowie Discount-Zertifikate sind vor allem in Marktphasen stagnierender bzw. leicht steigender oder leicht fallender Börsennotierungen eine Alternative zu einem Direktinvestment in das entsprechende Basisobjekt. Jedoch auch in anderen Marktphasen sind diese Zertifikate nicht die schlechteste Anlagealternative: Bei stark fallenden Aktiennotierungen beispielsweise fallen die Verluste, die ein Anleger verschmerzen muss, wesentlich geringer aus als bei einem Direktinvestment.

Um die unbegrenzte Laufzeit von Rolling-Discount-Zertifikaten realisieren zu können, wird eine so genannte dynamische Investmentstrategie angewendet, die im Monatsrhythmus in aktuelle Discount-Zertifikate investiert, die eine Restlaufzeit von einem Monat haben. Das heißt, der Anleger investiert durch Rolling-Discount-Zertifikate quasi monatlich in herkömmliche Discount-Zertifikate mit einer Restlaufzeit von einem Monat. Diese Strategie kann natürlich der Anleger auch selbst vornehmen. Dann würden jedoch monatliche Transaktionsgebühren anfallen, die die Rendite schmälern.

Rolling-Discount-Zertifikate bieten dem Anleger daher eine Möglichkeit einer attraktiven Rendite bei gleichzeitiger Risikominimierung, ohne aber durch eine Restlaufzeit eingeschränkt zu sein.

Checkliste: Rolling-Discount-Zertifikate
Vorteile:
Erwerb der Aktie mit Discount
Unbegrenzte Laufzeit
Eingebauter Sicherheitspuffer
Nachteile:
Gewinnbegrenzung
Volles Kursrisiko der zugrunde liegenden Aktie

Knock-in-Zertifikate

Diese Form von Zertifikaten bietet dem Inhaber die Möglichkeit, eine vorher festgelegte Aktie zu einem günstigeren Preis zu erwerben als bei einem normalen Kauf über die Börse. Im Gegenzug verzichtet der Zertifikateanleger ab einer genau festgelegten Grenze sowie unter bestimmten Bedingungen auf weitere Kursgewinne der Aktie. Damit ähneln diese Zertifikate Discount-Zertifikaten, jedoch mit einem Unterschied: der so genannten Knock-in-Schwelle.

Mit anderen Worten, der Anleger erwirbt mit dem Kauf des Zertifikats das Recht auf eine vorher festgelegte Aktie. Diese Aktie erhält der Anleger jedoch erst zu einem späteren Zeitpunkt, dem Ausübungszeitpunkt. Da der Bezug dieser Aktie im Vergleich zum Börsenkurs zu einem niedrigeren Kurs (Discount) erfolgt, spart der Anleger hierdurch also einen gewissen Geldbetrag ein.

Als Gegenleistung für die Gewährung dieses Discounts verzichten Anleger wie üblich auf die Dividenden des Basisobjekts. Weiterhin räumen die Zertifikateinhaber dem Emittenten das Recht ein, ab einem vorher definierten Cap alleinig an weiteren Kurssteigerungen des Basisobjekts zu partizipieren. Das heißt, sollte der Kurs des Basisobjekts am Laufzeitende über dem Cap liegen, so erhält der Emittent das Recht, statt der Aktie einen Geldbetrag im Wert des Caps an den Anleger auszuzahlen.

Bis zu diesem Punkt unterscheidet sich diese Zertifikatekonstruktion nicht wirklich von den Discount-Zertifikaten.

Bei Knock-in-Zertifikaten kommt, wie der Name schon vermuten lässt, an dieser Stelle die Knock-in-Schwelle ins Spiel. Das eben beschriebene Recht des Emittenten setzt voraus, dass der Kurs des Basisobjekts während der Laufzeit irgendwann die Knock-in-Schwelle erreicht oder unterschritten hat. Diese Knock-in-Schwelle wird durch den Emittenten bei der Emission festgelegt und ist von Zertifikat zu Zertifikat unterschiedlich. Sie liegt üblicherweise zwischen 15 und 25 Prozent unterhalb des Kurses des Basisobjekts.

Die Hoffnung der Anleger beruht nun darauf, dass während der Laufzeit diese Knock-in-Schwelle niemals erreicht oder unterschritten wird. Tritt diese Erwartung ein, muss der Emittent an den Anleger den Cap auszahlen, unabhängig davon, wo der Kurs des Basisobjektes am Laufzeitende steht.

Damit bieten Knock-in-Zertifikate gegenüber Discount-Zertifikaten quasi einen weiteren Risikopuffer. Sollte der Kurs des Basisobjektes während der Laufzeit nicht die Knock-in-Schwelle erreichen, sind die Anleger in der komfortablen Situation, dass sie vor eventuellen Kursverlusten geschützt sind. Sie erhalten in diesem Fall sogar den Cap ausgezahlt und das auch dann, wenn das Basisobjekt unterhalb des Caps notiert.

Praxis-Tipp:

Der Erwerb eines Knock-in-Zertifikats ist also immer dann sinnvoll, wenn der Anleger eine Seitwärtsbewegung bzw. moderat steigende Notierungen des Basisobjekts erwartet.

Sollte die Erwartungshaltung zutreffend sein, so erhält der Anleger den Cap, also die maximal erzielbare Rendite, ausgezahlt. Damit kann der Anleger also selbst in diesen Börsensituationen Gewinne generieren.

Sollte die Erwartungshaltung jedoch nicht zutreffend sein und die Notierungen des Basisobjekts doch erheblicher schwanken und die Knock-in-Schwelle erreichen, so verwandelt sich das Zertifikat in ein ganz normales Discount-Zertifikat mit allen Chancen und Risiken dieser Zertifikateart (vgl. Abschnitt Discount-Zertifikate).

Sollte in diesem Fall bei Laufzeitende der Kurs des Basisobjekts über dem Kaufkurs des Zertifikats notieren, so hätte der Anleger schon einen Gewinn generiert. Dieser Gewinn ergibt sich daraus, dass das Zertifikat mit einem Discount erworben wurde. Selbst wenn das Basisobjekt moderate Kursverluste hinnehmen musste, können, wie bei Discount-Zertifikaten üblich, trotz zwischenzeitlichen Durchbrechens der Knock-in-Schwelle Verluste ausgeglichen werden, da der Discount als Sicherheitsnetz fungiert.

Checkliste: Knock-in-Zertifikate
Vorteile: Discount beim Kauf Erweitertes Sicherheitsnetz Gewinne auch bei stagnierenden Kursen
Nachteile: Knock-in-Schwelle Gleiche Risiken wie bei Discount-Zertifikaten

Protect-Bonus-Zertifikate

Das Bankhaus Sal. Oppenheim brachte im Frühjahr 2003 die ersten Bonus-Zertifikate auf den Markt. Diese Zertifikateform verspricht hohe Sicherheit bei hohen Gewinnchancen. Sie hat sich daher im Laufe der Zeit zu einem Verkaufsschlager unter den Zertifikaten entwickelt, so dass nun auch andere Geldhäuser diese Zertifikate in ihr Angebot aufgenommen haben.

Bonus-Zertifikate funktionieren ähnlich wie Discount-Zertifikate, nur nehmen Bonus-Zertifikate voll am Kursanstieg des dem Zertifikats zugrunde liegenden Basisobjekts teil. Das heißt die Gewinnmöglichkeiten sind nicht gedeckelt, sondern theoretisch unbegrenzt, je nachdem, wie stark das Basisobjekt steigt. Zusätzlich zu diesen theoretisch unbegrenzten Gewinnmöglichkeiten erhält der Anleger einen nicht außer Acht zu lassenden Risiko- oder besser Sicherheitspuffer gegen Kursverluste.

Chance/Risikoprofil von Bonus-Zertifikaten

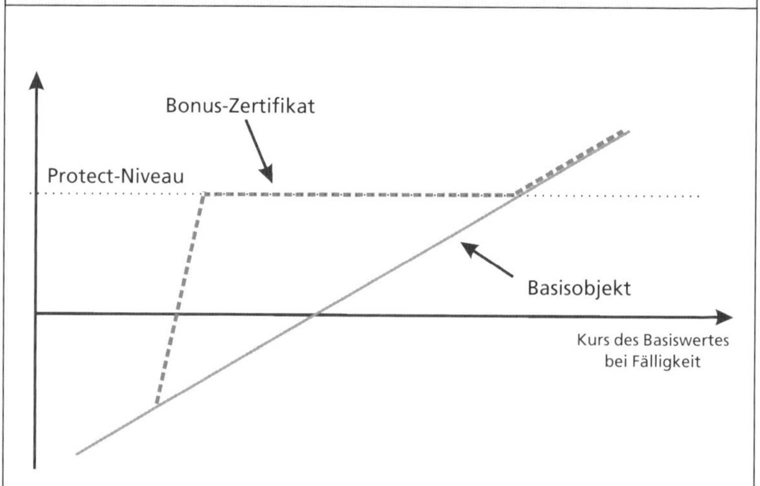

Sollte das Basisobjekt während der gesamten Laufzeit des Zertifikats nicht das so genannte Protectniveau unterschreiten, erhält der Anleger am Ende der Laufzeit noch einen Bonus zusätzlich zu dem Indexstand des Basisobjekts. Anleger erhalten am Ende der Laufzeit das so genannte Bonusniveau ausgezahlt. Dieser Sicherheitspuffer resultiert daher, dass das Protectniveau bei Auflegung des Zertifikats etwa 20 Prozent unter dem Kurs des Basisobjekts liegt.

Sollte der Kurs des Basisobjekts leichte Kursverluste hinnehmen müssen, so erzielt der Anleger durch die Bonuszahlung immer noch eine positive Rendite. Sollte der Basiswert jedoch unter das Protectniveau fallen, so entfällt der Bonus, und der Kurs des Zertifikats entspricht dem des Basisobjekts. Das Bonus-Zertifikat verhält sich in diesem Fall wie ein herkömmliches Index-Zertifikat, d. h., am Laufzeitende entspricht der Wert des Zertifikats dem aktuellen Indexstand.

Praxis-Tipp:

Diese Zertifikateform eignet sich daher besonders für Marktphasen, in denen die Börse auf gleichem Niveau stagniert oder geringe Kursrückgänge zu verzeichnen hat. Anleger können mit Hilfe dieser Zertifikatekonstruktion selbst in solchen Marktphasen Gewinne einfahren, in denen viele Privatanleger nichts verdienen oder sogar leichte Vermögensverluste zu verschmerzen haben.

Beispiel:

Der Käufer kauft ein Zertifikat auf den Eurostoxx am Emissionstag für 28,00 Euro (Indexstand 2 800 Punkte, Bezugsverhältnis 1:100, Protectniveau 1 900, Bonusniveau 3 920). Damit kostet das Bonus-Zertifikat am Emissionstag genauso viel wie ein herkömmliches Index-Zertifikat. Am Laufzeitende entspricht der Wert des Zertifikats dann dem jeweiligen Indexstand zu diesem Zeitpunkt, zzgl. eines möglichen Bonus.

Wenn nun der Eurostoxx bis zum Laufzeitende moderat fällt und bei 2 400 Punkten stehen sollte, dann bekommt der Anleger den Indexstand, also 24,00 Euro, bei dem Bezugsverhältnis von 1:100 ausgezahlt. Sollte dann zusätzlich während der Laufzeit das Protectniveau nicht berührt oder unterschritten worden sein, so wird ihm ein Bonus ausgezahlt, der abhängig vom Bonusniveau ist, in diesem Beispiel also 15,20 Euro. Das heißt, der Anleger erhält am Laufzeitende insgesamt 39,20 Euro, was einem Bonusniveau von 3920 Punkten entspricht Damit hat er trotz Seitwärtsbewegung einen respektablen Gewinn erzielt.

Sollte der Index bis zum Laufzeitende moderat auf beispielsweise 3 200 Punkte steigen, so erhält der Anleger am Laufzeitende 32,00 Euro ausgezahlt. Wenn das Protectniveau niemals unterschritten wurde, erhält er einen Bonus von 7,20 Euro, also auch insgesamt 39,20 Euro (Bonusniveau).

Sollte der Index am Laufzeitende auf 4 100 Punkte steigen, erhält der Anleger keinen Bonus mehr, da der Index über dem Bonusniveau liegt. Er bekommt dann den Indexstand voll ausgezahlt, hier also 41,00 Euro. Der Anleger partizipiert demnach voll an den Kursgewinnen des Index. Er verdient also genauso viel wie ein Anleger, der ein normales Indexpapier erworben hat.

Sollte der Eurostoxx aber während der Laufzeit unter das Protectniveau von 1 900 Punkten fallen, so entfällt der Bonus ersatzweise. Wenn der Eurostoxx am Laufzeitende beispielsweise bei 2 400 Punkten stehen würde, würde der Anleger nur den Indexstand ausbezahlt bekommen, in diesem Fall also 24,00 Euro. Der Anleger müsste einen Verlust hinnehmen. Auch in diesem Fall entspricht das Bonus-Zertifikat einem Index-Zertifikat.

Viele werden sich jetzt vielleicht fragen, wie ist dieser Traum aller Anleger möglich? Und in der Tat hat die Sache auch einen Haken: Der Bonus finanziert sich durch den Verzicht auf die während der gesamten Laufzeit anfallenden Dividenden. Daher werden solche Zertifikate häufig auf dividendenstarke Aktien oder Kursindizes aufgelegt; dabei ist jedoch eine Laufzeitbegrenzung unabdingbar.

Checkliste: Bonus-Zertifikate
Vorteile:
Partizipation an Kursentwicklung des Index in vollem Umfang
Eingebauter Risikopuffer
Gewinne bei stagnierenden und leicht fallenden Börsenkursen
Nachteile:
Verzicht auf Dividenden
Starke Kursbewegung bei Annäherung an das Protectniveau möglich
Endgültiger Verlust des Risikopuffers, wenn der Kurs des Basisobjekts einmalig unter oder auf das Protectniveau fällt

R-Bag-Zertifikate

R-Bag-Zertifikate haben genauso wie Bonus-Zertifikate einen eingebauten Risikopuffer gegen eventuelle Kursverluste. Auch haben sie im Gegensatz zu Discount-Zertifikaten keinen Cap, d. h., ihr Renditepotential ist nicht begrenzt. Der Unterschied zu einem Bonus-Zertifikat ist nun, dass das Zertifikat an Kurssteigerungen des Basiswertes nicht zu 100 Prozent partizipiert, sondern nur zu 80 bis 90 Prozent. Dafür bekommt ein Anleger etwas mehr Geld, wenn das Protectniveau unterschritten wurde. Dazu aber später mehr.

Bei der Emission eines R-Bag-Zertifikats wird der Zertifikatekurs etwa 20 Prozent unterhalb des Kurses des zugrunde liegenden Basisobjekts festgelegt. Daher besitzt das Zertifikat einen Risikopuffer von 20 Prozent. Das heißt, selbst wenn das Basisobjekt um 20 Prozent fällt, erleidet der Anleger noch keinen Verlust.

Wenn nun jedoch am Laufzeitende das Basisobjekt über dieses 20- Prozent-Protectniveau hinaus gefallen ist, gibt es keinen Risikopuffer mehr. Dies ist bei dieser Art von Zertifikaten jedoch nicht weiter schlimm, da den Anlegern das 1,25fache des aktuellen Kurses des Basisobjekts am Laufzeitende ausbezahlt wird.

Chance/Risiko-Profil von R-Bag-Zertifikaten

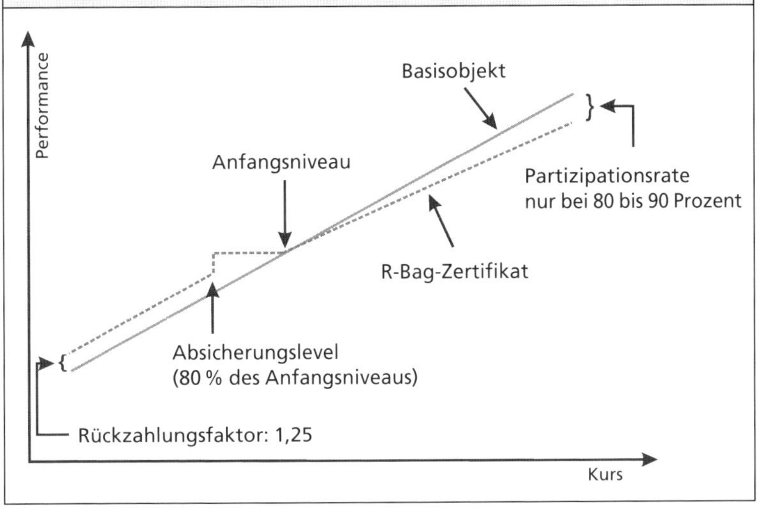

In diesem Fall profitieren sie somit immer noch mehr als bei einem direkten Investment in das Basisobjekt oder in ein vergleichbares Bonus-Zertifikat. Diese zusätzliche Sicherheit erkauft man sich jedoch durch eine geringere Partizipationsrate bei steigenden Kursen des Basisobjekts.

Die Partizipationsrate gibt an, wie stark das R-Bag-Zertifikat an den Kurssteigerungen des Basisobjekts partizipiert. Steigt das Basisobjekt beispielsweise um 10 Prozent, so steigt der Kurs des Zertifikats bei einer Partizipationsrate von 80 Prozent nur um 8 Prozent. Den Rest streicht der Emittent als Gegenleistung für das gespannte Sicherheitsnetz ein.

Praxis-Tipp:

R-Bag-Zertifikate sind also immer dann ein lohnendes Investment, wenn der Anleger unsicher über den weiteren Kursverlauf des Basisobjekts ist und er zwar mit steigenden Kursen rechnet, aber leicht fallende Kurse nicht ausschließen kann.

Bei steigenden Kursen ist er mit 80 bis 90 Prozent dabei, und der Sicherheitspuffer schützt vor einem 20-prozentigen Kursverlust des Basisobjekts in Bezug auf den Emissionszeitpunkt.

Intern bestehen solche Zertifikate aus einer Kombination aus dem Kauf einer Aktie sowie dem gleichzeitigen Kauf und Verkauf von Call-Optionen. Anleger können sich so eigene R-Bag-Zertifikate konstruieren, wenn sie es denn wollen. Hierzu benötigt man jedoch umfangreiches Hintergrundwissen über die Funktionsweise von Terminkontrakten. Privatanleger sollten stattdessen gleich zu R-Bag-Zertifikaten greifen.

Checkliste: R-Bag-Zertifikate
Vorteile: Eingebauter Risikopuffer Kein Cap Weiteres Sicherheitsnetz, Rückzahlung mit Faktor 1,25
Nachteile: Partizipationsrate nur bei 80 bis 90 Prozent Verfall des Risikopuffers bei Verletzung des Protectniveaus

PEPP-Zertifikate

PEPP-Zertifikate werden von der Deutschen Bank herausgegeben. Sie funktionieren ähnlich wie Bonus- und R-Bag-Zertifikate. Mit diesen Zertifikaten können Anleger überproportional an positiven Kursentwicklungen des Basisobjekts profitieren und haben zusätzlich auch einen kleinen eingebauten Risikopuffer, der leichte Kursausschläge nach unten abfedert. Wie bei allen Zertifikaten üblich, verzichtet der Anleger im Gegenzug auf die Beteiligung an Dividendenzahlungen des Basisobjekts.

Praxis-Tipp:

PEPP-Zertifikate werden immer dann für eine Anlage empfohlen, wenn Anleger die Erwartung haben, dass das Basisobjekt eine positive Kursentwicklung vollzieht. Sollte diese Erwartung eintreffen, so profitiert der Zertifikateinhaber überproportional von den Kursgewinnen des Basisobjekts.

Zusätzlich dazu bietet das Zertifikat am Laufzeitende einen gewissen Schutz vor Kursverlusten, und zwar bei dem am Emissionstag festgelegten Protectniveau, welches in diesem Zusammenhang auch als Barriere bezeichnet wird. Die Funktionsweise dieses Zertifikats lässt sich anhand folgender zwei Szenarien erklären:

Szenario 1: Das Basisobjekt hat das Protectniveau während der Laufzeit niemals unterschritten oder berührt.

Sollte der Kurs des Basisobjekts am Laufzeitende über dem Emissionspreis liegen, so wird die positive Kursentwicklung des Basisobjekts mit einem so genannten Partizipationsfaktor multipliziert. Sollte beispielsweise dieser Faktor bei 1,25 liegen, so würde der Anleger an einem Kursanstieg des Basisobjekts um 10 Prozent mit insgesamt 12,5 Prozent (10 % * 1,25) partizipieren.

Wenn der Kurs des Basisobjekts am Laufzeitende unter dem Emissionspreis notiert, jedoch über dem Protectniveau, dann wäre der Anleger gegen diesen Kursverlust geschützt, da die Rückzahlung in diesem Fall nicht zum Wert des Basisobjekts erfolgt, sondern zum Emissionspreis.

Szenario 2: Das Basisobjekt hat während der Laufzeit das Protectniveau unterschritten oder berührt. In diesem Fall verliert der Investor unwiderruflich den Risikopuffer.

Sollte in diesem Szenario der Kurs des Basisobjekts am Laufzeitende über dem Emissionspreis notieren, so partizipiert der Anleger an der positiven Wertentwicklung des Basisobjekts auch hier überproportional, da auch hier der Partizipationsfaktor zum Einsatz kommt. Wenn hier beispielsweise das Basisobjekt um 10 Prozent steigt, dann macht der Anleger einen Gewinn von 12,5 Prozent, sofern der Partizipationsfaktor auch bei 1,25 liegt.

Wenn jedoch der Kurs des Basisobjekts am Laufzeitende unter dem Emissionspreis notiert, so erhält der Anleger als Rückzahlung den Wert, der dem jeweiligen Stand des Basisobjekts entspricht. Der Anleger hat somit das gleiche Chance/Risikoprofil wie ein Direktanleger in das Basisobjekt.

Chance/Risiko-Profil von PEPP-Zertifikaten

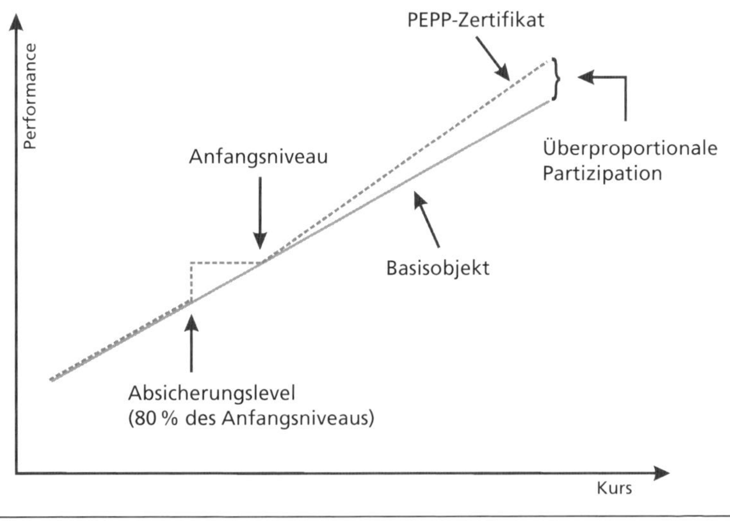

Wie man sehen kann, kann man bei diesen Zertifikaten eigentlich nichts falsch machen, sondern im Vergleich zu einer Direktanlage nur gewinnen. Anstatt beispielsweise die Muster-Aktie zu erwerben, kauft der Anleger stattdessen ein PEPP-Zertifikat auf die Aktie. Steigt die Aktie, dann macht der Anleger einen um den Partizipationsfaktor entsprechend größeren Gewinn als ein Direktanleger. Fällt die Aktie leicht, so ist er vor diesen Kursverlusten geschützt. Wo der Direktanleger also schon Verluste zu verschmerzen hat, kann ein Zertifikateanleger sich in seinem Sicherheitsnetz ausruhen. Nur wenn die Aktie stärker fällt, und zwar unter das Protectniveau, erleidet der Zertifikateanleger ebenfalls einen Verlust, der dem des Direktanlegers entspricht.

Praxis-Tipp:

Der Zertifikateanleger ist, abgesehen von den Dividenden, zu keinem Zeitpunkt schlechter gestellt als der Direktanleger. Daher ist diese Zertifikateform eine ideale Alternative zu einer Direktanlage in Aktien.

Checkliste: PEPP-Zertifikate
Vorteile:
Überproportionale Partizipation an Kurssteigerungen
Eingebauter Risikopuffer
Höhere Gewinnchance und mehr Sicherheit gegenüber einem Direktinvestment
Nachteile:
Keine Partizipation an Dividenden
Preis wird durch Volatilität des Basisobjekts beeinflusst
Steigende Dividendenrenditen beeinflussen den Preis des Zertifikats

Garantie-Zertifikate

Eine ganz besondere Form von Zertifikaten stellen so genannte Garantie-Zertifikate dar. Gerade die jüngste Vergangenheit hat allen Anlegern vor Augen geführt, dass selbst auf Sicht von mehreren Jahren Verluste an der Börse möglich sind. Viele Anleger haben sich aus diesem Grund von der Börse zurückgezogen und scheuen ein Neuengagement. Dies ist vor dem Hintergrund der vergangenen Jahre zwar durchaus nachvollziehbar, jedoch nicht unbedingt klug.

Die Angst der Anleger, nochmals Verluste verschmerzen zu müssen, kann kein Kriterium für eine erfolgreiche Finanzstrategie sein. Eine alte Weisheit besagt zwar, dass nur, wer Risiken eingeht, auch Chancen hat, eine überdurchschnittliche Rendite zu erzielen, doch diese Weisheit gilt in der heutigen Zeit nicht mehr.

Mit Hilfe von Garantie-Zertifikaten geht der Anleger kein Kursrisiko ein und ist so vollständig vor Vermögensverlusten geschützt. Dies bedeutet aber nicht, dass er auf eine attraktive Rendite verzichten muss. Er profitiert sogar von eventuellen Kurssteigerungen der Aktienindizes, zwar nicht vollständig, aber doch mit einer gewissen Partizipationsquote. Das heißt, sollte sich der Anleger für diese Art der Geldanlage entscheiden, dann erhält er eine 100-prozentige Sicherheit für sein Vermögen bei gleichzeitig theoretisch unbegrenzter Renditechance.

Ein Garantie-Zertifikat setzt sich immer aus zwei Komponenten zusammen. Zum einen aus der Garantiekomponente und zum anderen aus der Performancekomponente. Die Garantiekomponente bildet das Sicherheitspolster. Wenn beispielsweise das Zertifikat zu 100 Euro emittiert wird, dann verpflichtet sich der Emittent bei einer Absicherungsquote von 100 Prozent, am Laufzeitende mindestens den Betrag von 100 Euro an den Anleger zurückzuzahlen, unabhängig davon, wie tief die Kurse der Aktien auch immer stehen sollten. Der Anleger ist also vollständig vor Vermögensverlusten geschützt.

Das Sicherheitspolster resultiert aus der Konstruktion des Zertifikats. Bei einem Emissionspreis von 100 Euro wird der Emittent einen Großteil dieses Betrages in einen Zerobond (Anleihe) investieren, und zwar genauso viel, dass bei Fälligkeit des Zerobonds der Wert von 100 Euro wieder erreicht wird.

Sicherheitspolster durch Cash Extraction

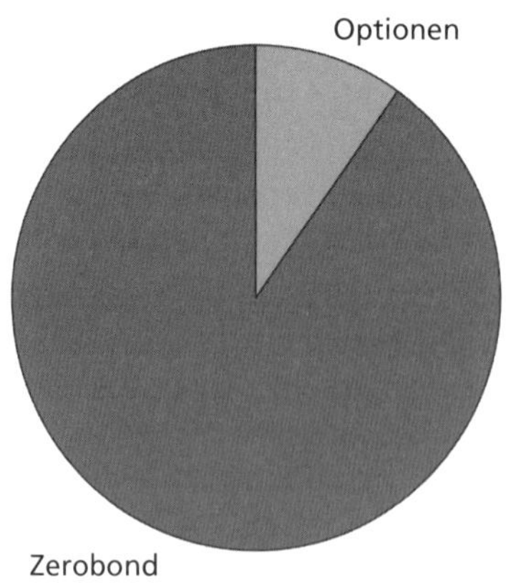

Diese Strategie wird auch als Cash Extraction bezeichnet. Es handelt sich hierbei um eine defensive Strategie, um sich vor Vermögensverlusten durch sinkende Börsenkurse zu schützen. Sollte beispielsweise das Zertifikat eine Laufzeit von fünf Jahren haben und das Zinsniveau bei 4 Prozent pro Jahr liegen, dann müssen folglich 82,19 Euro ($100/1{,}04^5$) in den Zerobond investiert werden, damit nach fünf Jahren wieder 100 Euro erreicht werden.

Mit dem Rest von 17,81 Euro kann die so genannte Performancekomponente realisiert werden. Diese kleine Geldsumme wird dazu an der Börse angelegt. Dabei kommen aber keine Aktien, sondern vielmehr spekulative Finanzinstrumente wie Optionen zum Einsatz, die sich auf einen Aktienindex beziehen.

Aufgrund des Hebeleffekts bei Optionen reicht schon ein kleiner Investitionsbetrag aus, um von steigenden Indexständen nachhaltig zu profitieren. Natürlich kann man mit diesem im Verhältnis zum Zerobond kleinen Betrag die Performance des Index nur teilweise abbilden. Dennoch kann eine Partizipationsquote von 50 Prozent erreicht werden.

Sollte der Index beispielsweise bis zum Laufzeitende um 60 Prozent zulegen, dann partizipiert der Anleger hiervon in Höhe des Partizipationsfaktors. Bei einem Partizipationsfaktor von 50 Prozent wären das 30 Prozent (50 Prozent von 60 Prozent). Das bedeutet, dass der Anleger eine Rendite von 30 Prozent erzielt hätte. Bei einem Emissionspreis von 100 Euro hätte der Anleger so vom Emittenten am Laufzeitende 130 Euro zurückbekommen. Eine schöne Rendite, wenn man bedenkt, dass das Risiko bei null lag.

Sollte jetzt aber der Index bis zum Laufzeitende nicht steigen, sondern fallen, verfallen die gekauften Optionen wertlos. Dem Anleger bleibt jedoch noch der Zerobond, dessen Wert am Laufzeitende dem Emissionspreis entspricht. Dem eingesetzten Kapital kann daher nichts passieren, egal, wie weit die Aktienindizes auch fallen sollten.

Garantie-Zertifikate müssen nicht der eben dargelegten Ausstattung entsprechen. Sie können vielmehr individuell angepasst werden. So können die Verhältnisse von Garantie- und Performancekomponente entsprechend dem Chance/Risiko-Profil des Anlegers optimiert werden. Es muss beispielsweise die Garantie nicht unbedingt bei 100 Prozent des investierten Betrages liegen.

Wenn ein Anleger bereit ist, ein maximales Risiko von 10 Prozent einzugehen, muss entsprechend weniger in den Zerobond investiert werden. Dadurch steht entsprechend mehr Kapital für die Performancekomponente zur Verfügung. Von diesem Geld können dann Optionen auf den Index erworben werden. Dies wiederum hat Auswirkungen auf die Partizipationsquote, welche sich in diesem Fall auf 60 bis 70 Prozent erhöht.

Chance/Risiko-Profil von Garantie-Zertifikaten

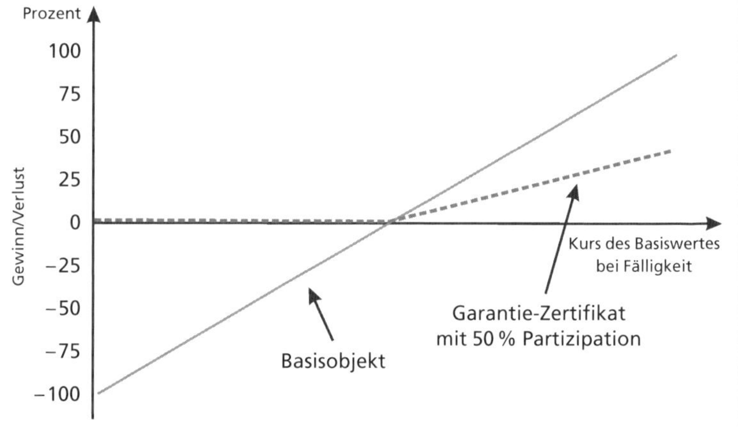

Praxis-Tipp:

Es ist jedoch zu beachten, dass sich die Garantie nur auf das Laufzeitende des Zertifikats bezieht. Das heißt während der Laufzeit kann der Kurs wie bei jedem anderen Wertpapier nach oben oder unten schwanken. Anleger sollten daher, um in den Genuss aller Vorteile zu kommen, das Garantie-Zertifikat bis zum Laufzeitende behalten.

Checkliste: Garantie-Zertifikate
Vorteile:
Anlegen nach dem Vollkaskoprinzip ohne Verlustrisiko
Chance auf hohe Rendite
Partizipation an positiver Entwicklung des Index
Nachteile:
Garantie bezieht sich nur auf das Laufzeitende
Keine Partizipation an Dividenden

Fallschirm-Zertifikate

Neben Garantie-Zertifikaten kann ein sicherheitsbewusster Anleger auch zu Fallschirm-Zertifikaten greifen. Diese unterscheiden sich von Garantie-Zertifikaten darin, dass es keine Garantie des eingesetzten Kapitals gibt. Trotzdem ist der Anleger in gewisser Weise vor Verlusten geschützt, wie im weiteren Verlauf noch deutlich wird.

Chance/Risiko-Profil von Fallschirm-Zertifikaten

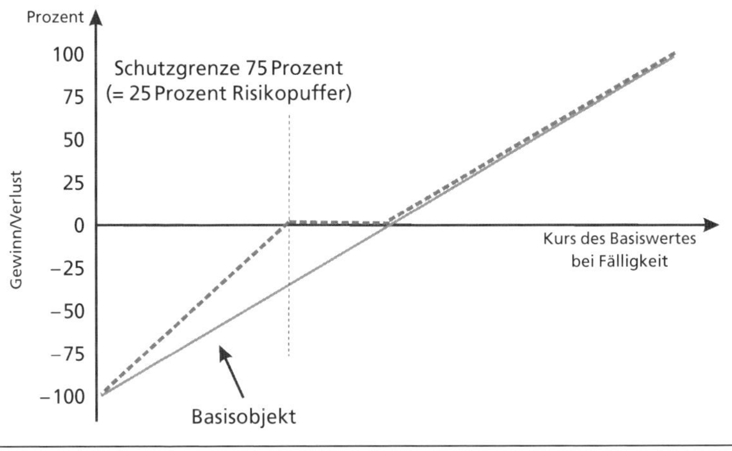

Anders als Garantie-Zertifikate partizipieren Fallschirm-Zertifikate zu 100 Prozent an den positiven Entwicklungen des zugrunde liegenden Aktienindex. Dafür muss der Anleger jedoch gewisse Zugeständnisse in Bezug auf Sicherheit machen:

Anleger sind bei Fallschirm-Zertifikaten nur bis zu einer vorher definierten Schutzgrenze vor Kursverlusten abgesichert. Fallen die Aktienkurse unter die Schutzgrenze, bedeutet dies in diesem Szenario auch für den Zertifikateinhaber erste Verluste. Diese sind aber geringer als bei einer Direktinvestition.

Bei Fallschirm-Zertifikaten lassen sich insgesamt drei Szenarien identifizieren, die anhand eines Beispiels erläutert werden sollen.

Beispiel:

Der Anleger kauft ein Fallschirm-Zertifikat zum Emissionspreis von 100 Euro. Die Laufzeit soll dabei vier Jahre betragen, und das Zertifikat soll mit einer Schutzgrenze von 25 Prozent und einer Partizipationsrate von 100 Prozent ausgestattet sein. Der Einfachheit halber wird weiterhin angenommen, dass der Index am Emissionstag bei 100 Punkten notiert.

Szenario 1: Der Index notiert am Laufzeitende über dem Anfangsniveau von 100 Punkten.

Sollte dieser Fall eintreten, dann wird der Anleger voll an der Kurssteigerung des Index beteiligt. Sollte beispielsweise der Index von 100 auf 160 Punkte gestiegen sein, so erhält der Anleger in vier Jahren 160 Euro ausgezahlt. Dies entspricht in diesem Fall einer Rendite von 60 Prozent.

Szenario 2: Der Index notiert unter dem Anfangsniveau von 100 Punkten, aber über der Schutzgrenze.

In diesem Fall hätte der Direktanleger mit einem herkömmlichen Index-Zertifikat einen Verlust zu verschmerzen, nicht aber der Fallschirm-Zertifikat-Anleger. Denn hier greift der Fallschirm. Wäre beispielsweise der Index um 25 Prozent gefallen (von 100 auf 75 Punkte), dann würde der Fallschirm-Zertifikat-Anleger trotz Kursverlusten des Index den Emissionspreis von 100 Euro zurückerhalten. Damit hätte er keinerlei Verluste erwirtschaftet.

Szenario 3: Der Index notiert unter der Schutzgrenze.

Sollte der Index um mehr als 25 Prozent gefallen sein, so erleidet auch der Inhaber eines Fallschirm-Zertifikats einen Verlust. Dieser Verlust ist jedoch bei weitem nicht so groß wie bei einem Direktanleger. Sollte der Index so beispielsweise um 40 Prozent auf 60 Punkte gefallen sein, so würde der Verlust des Zertifikateanlegers nur etwa 20 Prozent betragen.

Wie man sehen kann, müssen Sicherheit und Chance keinen Widerspruch darstellen. Trotz Erhalts aller Chancen am Aktienmarkt konnte bei dieser Zertifikatekonstruktion ein Sicherheitsnetz in Form eines Fallschirmes gespannt werden.

Praxis-Tipp:

Diese Zertifikateform eignet sich als direkte Alternative zu einem herkömmlichen Index-Zertifikat.

Checkliste: Fallschirm-Zertifikate
Vorteile:
Volle Partizipation an Kurssteigerungen des Index
100-prozentige Sicherheit des Vermögens bis zur Schutzgrenze
Geringere Verluste, wenn die Schutzgrenze durchbrochen wurde, im Vergleich zu einem Direktanleger
Nachteile:
Keine Partizipation an Dividenden
Die Garantie wirkt nur am Laufzeitende

Coupon-Driver-Zertifikate

Anleger, die auf eine Seitwärtsbewegung der Börsen setzen, können mit einer neuen Form von Zertifikaten ihre Gewinnchancen entscheidend erhöhen. Die Rede ist von Coupon-Driver-Zertifikaten. Diese werden derzeit von der BNP Paribas emittiert und ermöglichen es dem Anleger, sich nicht alleinig auf den Börsentrend zu verlassen, sondern Gewinne durch attraktive Coupons zu erzielen. Diese Zertifikateform zählt zu den Garantie-Zertifikaten, da am Ende der Laufzeit eine hundertprozentige Kapitalgarantie durch den Emittenten garantiert wird.

Die Idee, die dieser Zertifikateform zugrunde liegt, ist recht einfach. Zu Beginn der Laufzeit werden insgesamt 15 Aktien ausgewählt, die zusammen einen Aktienkorb bilden. Einmal im Jahr wird die Kursentwicklung jeder einzelnen im Aktienkorb enthaltenen Aktie im Verhältnis zum Emissionszeitpunkt verglichen. Den zehn besten Aktien wird pauschal eine Performance von 10 Prozent zugeschrieben, und das unabhängig davon, ob die Aktien gestiegen oder gefallen sind.

Ist beispielsweise eine Aktie im Aktienkorb um 3 Prozent gefallen, zählt sie aber dennoch zu den zehn besten Aktien im Korb, so wird dieser Aktie eine Performance von 10 Prozent zugewiesen. Sollte die Aktie jedoch beispielsweise 30 Prozent zugelegt haben, so werden ihr ebenfalls 10 Prozent Wertsteigerung zugerechnet. In diesem Fall ist der Anleger schlechter gestellt. Die fünf schlechtesten Aktien im Korb werden mit ihrer tatsächlichen Rendite berücksichtigt.

Sollte beispielsweise die Einschätzung des Anlegers richtig sein, dass der Markt in einem Seitwärtstrend verharrt, so würde sich der jährliche Coupon folgendermaßen berechnen:

10 * 10 % + 5 * 0 % = 6,67 %

Das heißt in einem seitwärts tendierenden Markt könnte der Anleger so eine Rendite von 6,67 Prozent erwirtschaften.

Zwei Drittel des Aktienkorbes erwirtschaften also immer 10 Prozent Rendite. Die restlichen ein Drittel, sprich die fünf schlechtesten Aktien, beeinflussen je nach Marktsituation die Rendite positiv oder negativ.

In Zeiten steigender Aktienkurse kann die Rendite des Zertifikats entsprechend den fünf schlechtesten Aktien im Korb zulegen, so dass der Anleger bei kräftig steigenden Kursen eine hervorragende Rendite erwirtschaften kann. Sollten beispielsweise alle Aktien im Korb 15 Prozent gestiegen sein, ergäbe sich ein Jahrescoupon von 11,67 Prozent (10 * 10 % + 5 * 10 %).

Bei fallenden Aktiennotierungen können hingegen die fünf schlechtesten Aktien die Rendite erheblich mindern, wobei diese, laut Emissionsbedingungen, niemals negativ werden kann. Sollten so beispielsweise alle 15 Aktien um 10 Prozent gefallen sein, so wird der Jahrescoupon wie folgt berechnet:

10 * 10 % + 5 * –10 % = 3,33 %

Selbst in diesem Szenario hätte der Anleger noch einen kleinen Gewinn erzielen können. Aber auch in Phasen eines Börsencrashs können Anleger beruhigt sein, da durch die Kapitalgarantie keine Vermögensverluste zu erwarten sind.

Zusammenfassend lässt sich festhalten, dass in Phasen fallender Börsennotierungen schlimmstenfalls nur der Coupon entfallen kann. Das Kapital ist geschützt. Bei stagnierenden Börsennotierungen dagegen hat diese Zertifikateform den Vorteil,dass sie eine hohe Rendite entgegen dem Markttrend verspricht. Diesem Vorteil steht jedoch eine geringere Partizipationsquote bei stark steigenden Börsennotierungen gegenüber. Daher sind Coupon-Driver-Zertifikate vorrangig für Marktphasen geeignet, in denen die Kurse stagnieren oder aber moderat fallen.

Checkliste: Coupon-Driver-Zertifikate
Vorteile:
Kapitalgarantie zu 100 Prozent
Ideal bei stagnierenden Märkten
Zwei Drittel des Aktienkorbes erwirtschaften immer 10 Prozent Rendite
Nachteile:
Geringe Partizipationsrate bei stark steigenden Börsennotierungen
Verzicht auf Dividenden

Spekulative Zertifikate

Die in diesem Abschnitt aufgeführten Zertifikate gehören zu den risikoreichsten überhaupt. Anleger sollten sich daher der Gefahr eines Totalverlustes immer bewusst sein. Aus diesem Grund sind vom Gesetzgeber und den Banken bestimmte Voraussetzungen zu erfüllen, bevor Anleger diese Zertifikatformen erwerben können.

Eine dieser Voraussetzungen ist die so genannte Termingeschäftsfähigkeit des Anlegers. Diese soll garantieren, dass sich der Anleger der vielfältigen Risiken bewusst ist. Die Bank wird dem Anleger zur Erlangung der Termingeschäftsfähigkeit diverse Broschüren zur Verfügung stellen, in denen alle erdenklichen Risiken zusammengefasst sind. Weiterhin wird, sofern es sich bei der Bank des Anlegers um eine Filialbank handelt, meist auch ein persönliches Gespräch mit dem Bankberater notwendig sein.

Der Anleger muss den Erhalt der Informationsbroschüren über die Verlustrisiken bei Termingeschäften schriftlich bestätigen. Laut Wertpapierhandelsgesetz muss diese schriftliche Bestätigung vor Ablauf des ersten Jahres und dann alle drei Jahre wiederholt werden. Weiterhin muss die Bank Informationen über die Vermögenssituation des Anlegers sowie über seine Anlageziele und Wertpapierkenntnisse einholen. Auch hierzu ist die Bank laut Wertpapiergesetz verpflichtet.

Im Folgenden sollen einige interessante und sehr spekulative Zertifikate näher betrachtet werden, durch die der Anleger bei sachgemäßer Anwendung enorme Gewinne erzielen kann.

Turbo-BLOC-Zertifikate

Turbo-BLOC-Zertifikate sind ähnlich aufgebaut wie die schon beschriebenen Discount-Zertifikate, nur mit einem Unterschied: Sie entwickeln etwas mehr Dynamik, daher auch der Zusatz Turbo. BLOC steht für „Buy Low Or Cash". Übersetzt heißt das so viel wie „Kaufe billig oder erhalte eine Geldzahlung".

Wo Chancen sind, gibt es auch Risiken. Diese Zertifikatekonstruktion weist größere Risiken auf als normale Discount-Zertifikate. Der Zertifikateinhaber kann Gewinne realisieren, wenn das zugrunde liegende Basisobjekt sich in einer Phase von stagnierenden Notierungen befindet, im Kurs beliebig steigt oder aber moderat fällt.

Die Gewinnchancen sind auch hier durch einen Cap begrenzt, nur dass im Gegensatz zu Discount-Zertifikaten noch höhere Gewinne in kürzerer Zeit erzielbar sind. Der Cap wird a priori festgelegt.

Wenn sich nun der Kurs des Basisobjekts am Laufzeitende über dem Cap befindet, erhalten Zertifikateinhaber den maximal erzielbaren Gewinn ausgezahlt. Die Gewinnmöglichkeiten sind somit ebenfalls gedeckelt. Soweit entspricht ein Turbo-BLOC-Zertifikat in etwa einem Discount-Zertifikat.

An dieser Stelle setzt der „Turbo" ein: Im Gegensatz zu herkömmlichen Discount-Zertifikaten, die eine Laufzeit von über einem Jahr aufweisen, wird die Laufzeit bei Turbo-BLOC-Zertifikaten auf drei bis sechs Monate verkürzt. Außerdem kann der Basispreis des Zertifikats bis zu 50 Prozent unterhalb des Kurses des Basisobjekts notieren.

Gerade dieser Sachverhalt ermöglicht die höheren Gewinnmöglichkeiten. Die Spekulation besteht nun in der Hoffnung, dass der Kurs des Basisobjekts bei Laufzeitende über den Cap steigt. In diesem Fall würde die Differenz zwischen Cap und Basispreis ausgezahlt werden, der Anleger hätte die maximal erzielbare Rendite erwirtschaftet.

Vorsicht: Sollte der Kurs des Basisobjekts am Laufzeitende unter dem Basispreis des Zertifikats liegen, so erleiden Turbo-BLOC-Zertifikateinhaber einen Totalverlust. In diesem Punkt unterscheiden sich Discount-Zertifikate von Turbo-BLOC-Zertifikaten. Bei Discount-Zertifikaten erleidet nämlich der Anleger nur dann einen Totalverlust, wenn das Basisobjekt wertlos würde.

Beispiel:

Ein Anleger kauft ein Turbo-BLOC-Zertifikat, dessen Basispreis bei 40 Euro liegt und dessen Cap bei 80 Euro festgesetzt wurde. Liegt nun der Kurs des Basisobjekts am Laufzeitende über 80 Euro, so erhält der Anleger 40 Euro ausgezahlt (80 Euro – 40 Euro = 40 Euro).

Sollte der Kurs des Basisobjektes zwischen Cap und Basispreis liegen, so wird an den Anleger die Differenz aus dem Kurs des Basisobjekts und dem Basispreis ausgeschüttet. Liegt der Börsenkurs des Basisobjekts beispielsweise bei 60 Euro, so erhält der Anleger 20 Euro ausgezahlt (60 Euro – 40 Euro = 20 Euro).

Wenn der Kurs des Basiswertes aber unter dem Basispreis, beispielsweise bei 20 Euro, liegen würde, ergäbe sich folgende Rechnung: 20 Euro – 40 Euro = –20 Euro. Das negative Ergebnis bedeutet dass das eingesetzte Kapital verloren ist und der Anleger mit dem Zertifikat einen Totalverlust erlitten hat.

Checkliste Turbo-BLOC-Zertifikate

Vorteile:

Im Kaufpreis billiger als Discount-Zertifikate

Absolute Kursgewinne sind genauso hoch wie bei Discount-Zertifikaten, da aber der Kaufkurs niedriger ist, erhöht sich die prozentuale Rendite

Nachteile:

Totalverlust möglich

Starke Kursschwankungen möglich

ListedIndexFutures-Zertifikate

ListedIndexFutures-Zertifikate, oder kurz LIF-Zertifikate, sind eine relativ neue Art von Zertifikaten und wurden von der BNP Paribas entwickelt. Zu Anfang gab es nur LIF-Zertifikate auf Einzelaktien. Jetzt aber sind auch Zertifikate aus Indizes verfügbar.

Mit LIF-Zertifikaten kann am Auf und Ab der Indizes mit einer Hebelwirkung partizipiert werden. Aufgrund von Unzulänglichkeiten von

Optionsscheinen, wie Zeitwertverlusten oder impliziten Volatilitäten, investieren Anleger mit einer höheren Kapitalausstattung meist in Index Futures. LIF-Zertifikate funktionieren mit der Analogie zu Futuregeschäften. Der Privatanleger hat nun die Möglichkeit, ein Investment mit Hebelwirkung zu benutzen, und das mit einem sehr geringen Kapitaleinsatz.

Es gibt sowohl Bull- als auch Bär-LIF-Zertifikate. Bei den LIF-Bull-Zertifikaten setzt der Anleger auf steigende und bei den LIF-Bär-Zertifikaten auf fallende Indexstände. Die LIF-Zertifikate sind als Wertpapier verbrieft und können über die Börse gehandelt werden. Daher der Name „Listed". Weiterhin beziehen sie sich auf einen Index und funktionieren in Analogie zu den Futuresgeschäften.

Aber was steckt nun hinter LIF-Zertifikaten? Um die Funktionsweise zu verdeutlichen, sollen zunächst die Bull-Zertifikate näher betrachtet werden:

Stellen Sie sich vor, Sie erwarten eine positive Entwicklung des DAX-Futures. Dieser soll bei 5 000 Punkten stehen. Sie wollen nur einen Bruchteil an Kapital investieren, aber trotzdem am vollen absoluten Punktanstieg des DAX-Futures teilhaben.

Sie kaufen also beispielsweise ein LIF-Bull-Zertifikat mit einer „Knock-out-Barriere" von 3 750 Punkten. Die Knock-out-Barriere ist der Haken dieser Anlageform. Sollte nämlich der DAX-Future innerhalb der Laufzeit zu irgendeinem Zeitpunkt die Barriere durchschreiten, so wird das Zertifikat für immer wertlos. Dazu aber später mehr.

In unserem Beispiel steht der DAX-Future bei 5 000 Punkten. Daher ergibt sich der Preis des LIF-Bull-Zertifikats folgendermaßen:

Preis = Index Future – Barriere

Preis = 5000 – 3750 = 1250 Euro

Der Hebel ergibt sich aus 5000/1250 = 4.

Das heißt, Sie kaufen für 1 250 Euro ein LIF-Bull-Zertifikat. Sollte jetzt der DAX-Future beispielsweise von 5 000 auf 7 500 Punkte, also um 50 Prozent, ansteigen, so steigt der Wert Ihres Zertifikats überdurchschnittlich stark an.

7 500 – 3 750 = 3 750 Euro

Der Preis des Zertifikats ist von 1 250 Euro auf 3 750 Euro, also um 2 500 Euro oder um 200 Prozent, gestiegen. Sie haben also mit einem geringen Kapitaleinsatz am steigenden DAX-Future in voller absoluter Höhe partizipiert.

Sollte aber der DAX-Future auf 3 750 Punkte fallen, so wäre Ihr Zertifikat wertlos geworden. Das bedeutet also, Ihr maximales Verlustrisiko liegt bei Ihrem Einsatz von 1 250 Euro. Nun werden einige sicher sagen, das sei zu risikoreich; in der Praxis ist es dies aber nicht, wenn man strategisch vorgeht.

Nehmen wir an, Sie wollen 10 000 Euro anlegen, trauen sich aber nicht, die volle Summe in die Börse zu stecken. Sie kaufen, bezugnehmend auf das obige Beispiel, zwei LIF-Bull-Zertifikate für je 1 250 Euro. Sie investieren also lediglich 2 500 Euro. Die restlichen 7 500 Euro legen Sie aufs Sparbuch oder anderweitig sicher an. Sollte sich die Börse tatsächlich positiv entwickeln, so fahren Sie einen genau so hohen Gewinn ein, als hätten Sie die ganzen 10 000 Euro in den DAX investiert. Das Zertifikat steigt nämlich viermal so stark wie die Direktanlage.

Sollte sich die Börse jedoch negativ entwickeln, so ist Ihr maximaler Verlust auf 2 500 Euro beschränkt. Ihre 7 500 Euro auf dem Sparbuch kann Ihnen niemand nehmen.

Sollte der DAX beispielsweise im Zuge eines Aktiencrashs 50 Prozent verlieren, so hätten Sie mit einer Direktanlage 5 000 Euro verloren, mit dem Zertifikat aber nur 2 500 Euro. Strategisch angewendet, ist diese Art von Zertifikaten somit eine interessante Alternative zum Direktinvestment.

Neben dieser Strategie ist natürlich noch eine andere, risikoreichere denkbar. Anstatt das Restgeld auf ein Sparbuch zu packen, hätten Sie den gesamten Betrag in ein LIF-Zertifikat investieren können. Sollte der DAX-Future nun um 50 Prozent steigen, so hätten Sie 200 Prozent Gewinn gemacht. Bei einem Kursverfall dagegen hätten Sie einen Totalverlust.

Neben LIF-Bull-Zertifikaten gibt es auch die Gegenform, die LIF-Bär-Zertifikate. Zu dieser Anlageform greifen Sie, wenn Sie der Meinung sind, die Börsen werden fallen.

Nehmen wir an, der DAX-Future hat einen Stand von 5 000 Punkten. Die Barriere liegt bei 6 250 Punkten. Sollten sich die Börsen positiv entwickeln und der DAX-Future auf über 6 250 Punkte steigen, so wäre das Zertifikat wertlos. Sollten sich aber die Börsen, wie erwartet, negativ entwickeln, so profitieren Sie.

Der Preis des LIF-Bär-Zertifikats berechnet sich wie folgt:

Preis = Barriere – DAX-Future

6 250 – 5 000 = 1 250 Euro

Der Hebel liegt bei 5000/1250 = 4.

Bei einem Fall der Börsen um 50 Prozent von 5 000 Indexpunkte auf 2 500 Punkte steigt der Wert des Zertifikats von 1 250 auf 3 750 Euro (6 250–2 500=3 750).

Das heißt, Sie hätten 200 Prozent Gewinn gemacht, wie man sieht, ein lohnendes Investment.

Einen Nachteil haben LIF-Zertifikate jedoch: Die Laufzeit beträgt meist nur ein Jahr. Weiterhin wird diese Anlageform beim Erreichen der Barriere für immer wertlos. Aus steuerlichen Gründen werden die Zertifikate dann aber noch zu einem Kurs von 0,001 Euro vom Herausgeber zurückgekauft.

LIF-Zertifikate gibt es derzeit für DAX 30 und NEMAX 50 Indizes, weitere werden sicher bald folgen.

Checkliste: LIF-Zertifikate
Vorteile:
Profitieren von kurz- bis mittelfristigen Trends
Keine Wertverluste durch sinkende Volatilitäten und abnehmende Restlaufzeit
Zugang zu Index Futures auch für Anleger mit schmalem Geldbeutel
Geringer Kapitaleinsatz
Keine Nachschusspflicht
Einfach von fallenden und steigenden Börsenkursen profitieren
Handel über die Börse und Market Making
Nachteile:
Knock-out-Barriere
Geringe Laufzeit

Turbo-Zertifikate

Neben den bereits vorgestellten LIF-Zertifikaten gibt es ähnlich spekulative Zertifikate, die neben Indizes auch andere Basisobjekte wie Aktien oder Rohstoffe abbilden können. Es handelt sich hierbei um so genannte Turbo-Zertifikate. Mit diesen Zertifikaten können Anleger auf steigende, aber auch auf fallende Kurse setzen und mittels des eingebauten Hebels von dieser Entwicklung um ein Vielfaches profitieren.

Einen Haken haben diese Zertifikate jedoch, sie besitzen eine Knock-out-Schwelle. Sollte diese erreicht werden, erleidet der Anleger einen Totalverlust. Diese Zertifikateart ist auch noch unter einem anderen Namen bekannt, nämlich unter „Wave". Dieser Begriff des „Wave" wird hauptsächlich von der Deutschen Bank verwendet.

Wenn die vom Anleger erwartete Kursentwicklung eintritt, entwickeln sich diese Zertifikate zu Raketen im Depot. Wenn der Anleger allerdings falsch liegt, verfallen sie wertlos.

Turbo-Zertifikate gibt es in zwei Varianten. Zum einen als Turbo-Call und zum anderen als Turbo-Put. Neben diesen Begrifflichkeiten werden auch alternativ Wave-Call und Wave-Put, Turbo-Bull und Turbo-Bär sowie Turbo-Long und Turbo-Short verwendet.

Mit den Call-, Bull- und Longvarianten wettet der Anleger auf steigende Aktiennotierungen. Sollte das dem Zertifikat zugrunde liegende Basisobjekt steigen, dann steigt der Kurs des Zertifikats um ein Vielfaches.

Mit den Put-, Bär- und Shortvarianten dagegen setzen Anleger auf fallende Börsennotierungen. Sollte daher das Basisobjekt an Wert verlieren, steigen diese Zertifikate um ein Vielfaches.

In beiden Fällen ist jedoch Folgendes zu beachten: Geht die Kursentwicklung nicht in die gewünschte Richtung, droht mit der Knock-out-Schwelle der Totalverlust. Wenn beispielsweise bei einem Turbo-Put der Kurs des Basisobjekts wider Erwarten steigt und die Knock-out-Schwelle berührt oder durchbricht, und sei es nur ganz kurz, verfällt der Turbo-Put endgültig wertlos.

Aufgrund steuerlicher Erwägungen zahlen die Emittenten an den Anleger dennoch einen Betrag von etwa 0,01 Cent, damit die Investoren so einen Spekulationsverlust bei ihrer Steuererklärung geltend machen können.

Bei Turbo-Calls ist das eben beschriebene Szenario genau umgekehrt: Der Anleger setzt auf steigende Notierungen des Basisobjekts. Fällt wider Erwarten der Kurs des Basisobjekts unter oder auf die Knock-out-Schwelle, erleidet der Anleger auch hier einen Totalverlust.

Praxis-Tipp:

Diese Beschreibungen führen deutlich vor Augen, dass es sich bei Turbo-Zertifikaten um eine hochspekulative Anlageform handelt. Der Anleger kann sehr viel gewinnen, aber auch alles verlieren. Daher sollten nur erfahrene Anleger diese Zertifikate, und auch nur als Depotbeimischung, erwerben, um im schlechtesten Fall nur einen kleinen Teil ihres Vermögens zu verlieren.

Nun werden sich einige Anleger vielleicht fragen, warum diese Zertifikate so beliebt sind. Turbo-Zertifikate besitzen einen Hebel. Liegt der Zertifikateinhaber bei seiner Kurserwartung des Basisobjekts richtig, so macht er einen überproportionalen Gewinn. Bei einem Hebel von 20 steigt der Kurs des Turbo-Calls um 20 Prozent, wenn das Basisobjekt sich nur um ein Prozent erhöht. Dieser Hebel ist abhängig von dem aktuellen Kurs des Basisobjekts sowie vom Preis des Turbo-Zertifikats.

$$\text{Hebel} = \frac{\text{aktueller Wert des Basisobjekts} * \text{Bezugsverhältnis}}{\text{Wert des Turbozertifikats}}$$

Der Hebel gibt mit anderen Worten an, um wie viel geringer der Kapitaleinsatz beim Kauf von Zertifikaten ist, verglichen mit dem Einsatz, der zum Kauf des entsprechenden Basisobjekts aufgewendet werden müsste. Mit relativ wenig Einsatz kann der Anleger einen hohen Gewinn erzielen.

Beispiel:

Besitzt ein Turbo-Call einen Kurs von 4 Euro und notiert das Basisobjekt bei 75 Euro, errechnet sich der Hebel bei einem Bezugsverhältnis von 1:1 wie folgt:

$$\text{Hebel} = \frac{75 \text{ Euro} * 1}{4 \text{ Euro}} = 18{,}75$$

Das Zertifikat hätte demnach einen Hebel von 18,75. Das heißt, das Zertifikat verdoppelt seinen Kurs, wenn das Basisobjekt um nur 5,33 Prozent steigt (5,33 * 18,75 = 100 %).

Chance/Risiko-Profil von Turbo-Call-Zertifikaten

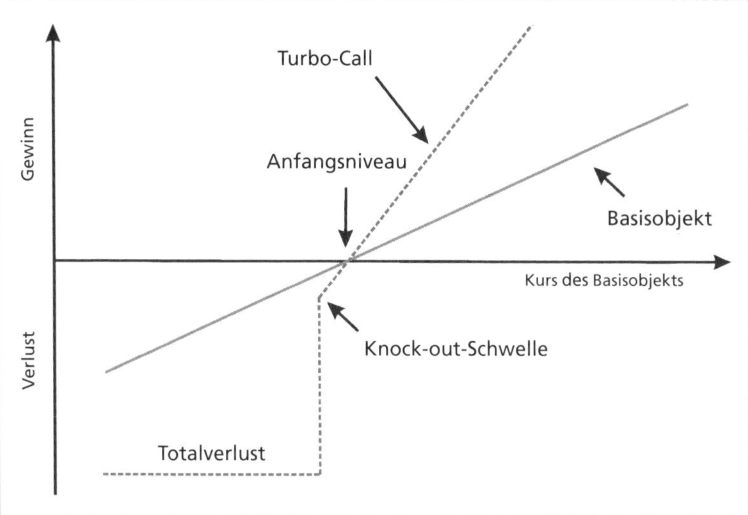

Äquivalent dazu verdoppelt sich der Kurs eines Turbo-Puts, wenn das Basisobjekt um 5,33 Prozent fällt.

Chance/Risiko-Profil von Turbo-Put-Zertifikaten

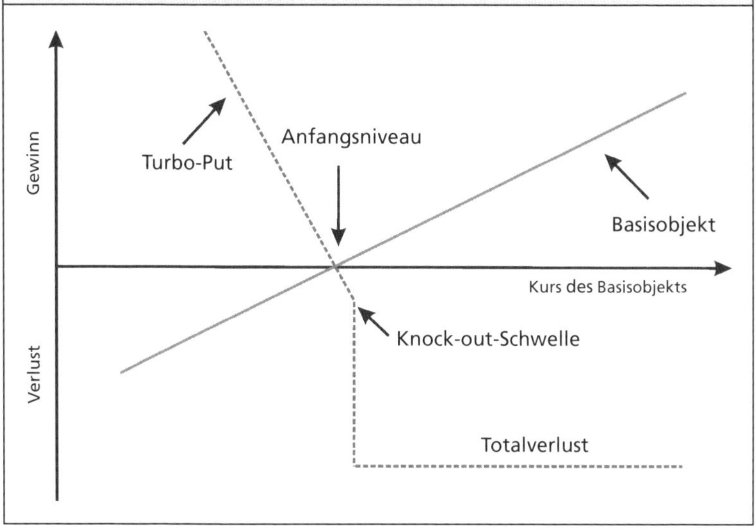

Einige Emissionshäuser sehen Turbo-Zertifikate als echte Alternative zu Optionsscheinen. Sie besitzen einen höheren Hebel als ähnlich ausgestattete Optionsscheine mit gleichem Basispreis. Zudem entwickelt sich der Preis des Turbo-Zertifikats nahezu proportional zum Basisobjekt. Bei Optionsscheinen dagegen wird der Kurs stark durch die Volatilität des Basisobjekts beeinflusst. Zusätzlich dazu wirkt dann auch noch der Zeitwertverfall. Diese Vorteile von Zertifikaten werden jedoch durch einen gravierenden Nachteil erkauft: die Knock-out-Schwelle. Fällt das Basisobjekt unter oder auf die Knock-out-Schwelle, so verfällt das Zertifikat wertlos, nicht dagegen der Optionsschein. Hier ist es nicht weiter problematisch, wenn beispielsweise ein Call-Optionsschein während der Laufzeit unter seinen Basispreis fällt, denn der Kurs des Basisobjekts kann noch während der verbleibenden Restlaufzeit steigen. Der Kurs eines Optionsscheins verfällt nur dann wertlos, wenn der Kurs des Basisobjekts am Ende der Laufzeit unter dem Basispreis liegt.

Praxis-Tipp:

Man kann mit Recht feststellen, dass Turbo-Zertifikate noch ein wenig risikohafter sind als Optionsscheine. Es ist daher unabdingbar, die Kurse mehrmals am Tag zu beobachten, um gegebenenfalls rechtzeitig reagieren zu können. Für den normalen Anleger, der die Kurse seiner Anlagen vielleicht nur am Wochenende verfolgt, sind diese Zertifikate völlig ungeeignet.

Checkliste: Turbo-Zertifikate
Vorteile:
Kurzfristige Wetten auf Kursverläufe
Hoher Hebel
Kein Zeitwertverfall
Relativ unabhängig von der Volatilität
Nachteile:
Totalverlust möglich
Starke Kursschwankungen
Knock-out-Schwelle

Rolling-Turbo-Zertifikate

Rolling-Turbo-Zertifikate sind eine relativ neue Art von Turbo-Zertifikaten. Bei dieser Form werden die größten Schwachpunkte von Turbo-Zertifikaten, wie beispielsweise der sich ändernde Hebel, beseitigt. Bei herkömmlichen Turbo-Zertifikaten ist bekanntlich der Finanzierungslevel konstant. Somit ändert sich bei Kursschwankungen des Basisobjekts auch der Hebel. Nicht so bei Rolling-Turbo-Zertifikaten. Hier bleibt der Hebel konstant.

Dies ist gerade deshalb für den Anleger interessant, weil der Hebel ein Ausdruck für die Risikoneigung des Anlegers ist. Ein risikoscheuer Anleger wird einen niedrigeren Hebel bevorzugen als ein risikofreudiger. Sollte der Anleger in seiner Einschätzung über den Marktverlauf richtig liegen, nimmt der Hebel bei herkömmlichen Turbo-Zertifikaten kontinuierlich ab. Damit sinkt auch stetig das Risiko, das der Anleger eingeht.

Im umgekehrten Fall erhöhen sich sowohl der Hebel als auch das Risiko, wenn sich die Kurse des Basisobjekts entgegen der Einschätzung des Anlegers entwickeln. Diese Änderung des Hebels findet bei Rolling-Turbo-Zertifikaten nicht statt.

Ein weiterer Unterschied zu herkömmlichen Turbo-Zertifikaten ist das Verhalten des Rolling-Turbo-Zertifikats an der Knock-out-Schwelle: Anstelle der Knock-out-Schwelle gibt es nur eine so genannte Stop-Loss-Schwelle. Erreicht bei einem Rolling-Turbo-Zertifikat das Basisobjekt die Stop-Loss-Schwelle, kommt es nicht zu einem vorzeitigen Ende der Laufzeit des Zertifikats, dem Knock-out, sondern nur zu einer Ruhepause für das Zertifikat bis zur nächsten Feststellung des Schlusskurses des Basisobjekts.

In diesem Fall steht das Zertifikat weiterhin zu dem durch den Emittenten festgelegten Restwert für Käufe und Verkäufe zur Verfügung. Zum Schlusskurs des Basisobjekts wird das Zertifikat wieder mit aktuellen Ausstattungsmerkmalen reaktiviert und vollzieht mit konstantem Hebel die Kursveränderungen des Basisobjekts nach. Es wird also ein neues Turbo-Zertifikat „gerollt".

Diese Vorgehensweise ermöglicht es, Zertifikate ohne Laufzeitbegrenzung anzubieten. Dementsprechend ist der Anleger flexibler in seinen Entscheidungen, das Zertifikat durch ein anderes zu ersetzen oder zu behalten.

Bei Produkten mit Laufzeitbegrenzung geht der Anleger immer ein Endfälligkeitsrisiko ein: Er muss zum Ende der Laufzeit eine Anlagealternative finden. Nicht so bei Rolling-Turbo-Zertifikaten. Durch den Wegfall des Laufzeitendes haben Anleger die Möglichkeit, den Ausstiegszeitpunkt selbst festzulegen. Somit entfällt das Umschichten am Laufzeitende, und der Anleger erspart sich zusätzliche Transaktionskosten.

Ein weiterer Unterschied zwischen Turbo-Zertifikaten und den Rolling-Turbo-Zertifikaten ist der, dass es bei Letzteren kein Aufgeld gibt. Das heißt, diese Zertifikateform notiert immer zum inneren Wert.

Sollte beispielsweise der DAX bei 4000 Punkten stehen und der Finanzierungslevel des Zertifikats bei 3800 Punkten, so besitzt ein solches Zertifikat mit einem Hebel von 20 und einem Bezugsverhältnis von 1:10 einen Geldkurs von 20 Euro ([4000 – 3800] * 0,1 = 20 Euro).

Da Rolling-Turbo-Zertifikate eine amerikanische Option verbriefen (vgl. Abschnitt Exkurs Optionsscheine), kann der Anleger jederzeit das Zertifikat ausüben und so den inneren Wert des Zertifikats vom Emittenten fordern. Selbstverständlich ist dies nur ein Sonderfall. Im Normalfall wird der Anleger einfach das Zertifikat zum inneren Wert an den Emittenten zurückverkaufen.

Zusammenfassend lässt sich festhalten, dass Rolling-Turbo-Zertifikate eine interessante Alternative zu Turbo-Zertifikaten und Optionsscheinen darstellen.

Checkliste: Rolling-Turbo-Zertifikate
Vorteile:
Zertifikat notiert zum inneren Wert (kein Aufgeld)
Hohe Gewinnchancen
Kein Endfälligkeitsrisiko
Keine Laufzeitbegrenzung
Konstanter Hebel
Nachteile:
Hohes Verlustrisiko
Stop-Loss-Schwelle

Sonstige Zertifikate

Bandbreiten-Zertifikate

Schon seit längerer Zeit versuchen Banken mit immer neuen und innovativen Finanzkonstruktionen, Kundengelder einzusammeln. Eine dieser innovativen Finanzkonstruktionen ist das so genannte Bandbreiten-Zertifikat, welches in bestimmten Situationen lohnende Investments darstellen kann. Alternativ zu dem Begriff Bandbreiten-Zertifikate hat sich auch der Begriff Kickstart-Zertifikate eingebürgert.

Diese Sonderform von Zertifikaten hat einen „Turbo-Motor" eingebaut, so dass selbst geringe bis mittlere Kurssteigerungen der zugrunde liegenden Aktie zu hohen Gewinnen führen können. Sie eignen sich daher besonders für Anleger, die mit derartigen Kursbewegungen rechnen, jedoch daran überproportional partizipieren wollen.

Chance/Risiko-Profil von Bandbreiten-Zertifikaten

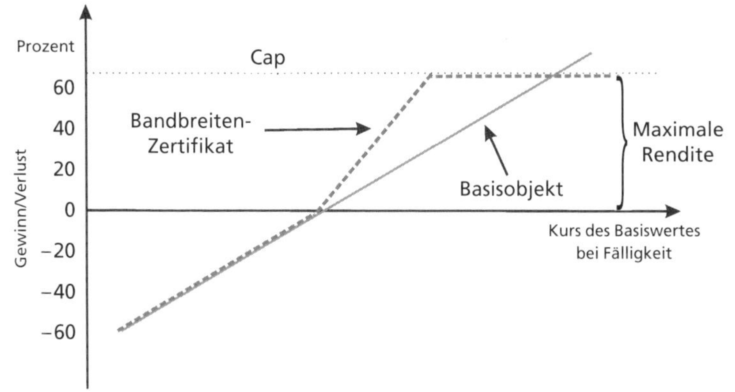

Aber was steckt faktisch hinter diesen Finanzkonstruktionen? Zum einen der Kauf der Aktie selbst und zum anderen der Kauf eines Call-Optionsscheines.

Beispiel:

Die Aktie der Muster AG notiert bei 200 Euro. Folglich ist der Kurs des Zertifikats ebenfalls 200 Euro. Zwischen den Start- und Stoppkursen wird bei Fälligkeit eine Aktie geliefert. Die Kurssteigerung wird zusätzlich in bar gezahlt (Call).

Dieser Call gibt dem Zertifikat den so genannten Renditekick, daher auch der Name Kickstart-Zertifikat. Gewinnt die Aktie in diesem Beispiel 10 Prozent bzw. 20 Euro, steigt das Zertifikat sogar um 20 Prozent bzw. 40 Euro. Steigt die Aktie um 20 Prozent bzw. 40 Euro, steigt das Zertifikat um 40 Prozent bzw. 80 Euro. Zwischen Start (200 Euro) und Stopp (260 Euro) bringt das Zertifikat somit doppelt so viel Gewinn wie die zugrunde liegende Aktie. Beim Stoppkurs ist dann allerdings Schluss. Ab diesem Zeitpunkt holt die Aktie in der Performance wieder auf. Über dem Cap (Deckel), in diesem Fall 320 Euro, schneidet die Aktie besser ab.

Praxis-Tipp:

Die kleinen Gewinne werden verdoppelt und die großen dafür gedeckelt. Daher sind Bandbreiten-Zertifikate nur für denjenigen interessant, der auf kleine bis mittlere Kurssteigerungen spekuliert. Dies ist insbesondere immer in Marktphasen einer stagnierenden Börse sinnvoll, da man die nur mäßigen Indexsteigerungen in doppelt so große Steigerungen des Zertifikatekurses umwandeln kann.

Checkliste: Bandbreiten-Zertifikate
Vorteile:
Börsentäglicher Handel
Eingebauter Hebel, geringe bis mittlere Kurssteigerungen führen zu überproportional hohen Gewinnen
Ideal für stagnierende Börsenphasen
Nachteile:
Cap, große Gewinne werden gedeckelt

Outperformance-Zertifikate

Eine weitere interessante Zertifikateart sind Outperformance-Zertifikate. Sie ähneln im Großen und Ganzen den schon betrachteten PEPP-Zertifikaten. Im Gegensatz zu PEPP-Zertifikaten gibt es bei Outperformance-Zertifikaten keinen eingebauten Risikopuffer. Dafür ist jedoch die Partizipationsrate wesentlich höher. Mit dieser nimmt der Anleger mit einem Hebel an der Entwicklung des Aktienmarktes teil. Interessant bei dieser Zertifikateart ist jedoch, dass der Hebel nur in eine Richtung wirkt, nämlich nur bei steigenden Börsennotierungen. Bei stagnierenden oder gar fallenden Börsenphasen verhält sich diese Zertifikateform wie ein Direktinvestment in das jeweilige Basisobjekt. Damit stellen Outperformance-Zertifikate eine ideale Alternative zu Direktinvestitionen dar.

Chance/Risiko-Profil von Outperformance-Zertifikaten

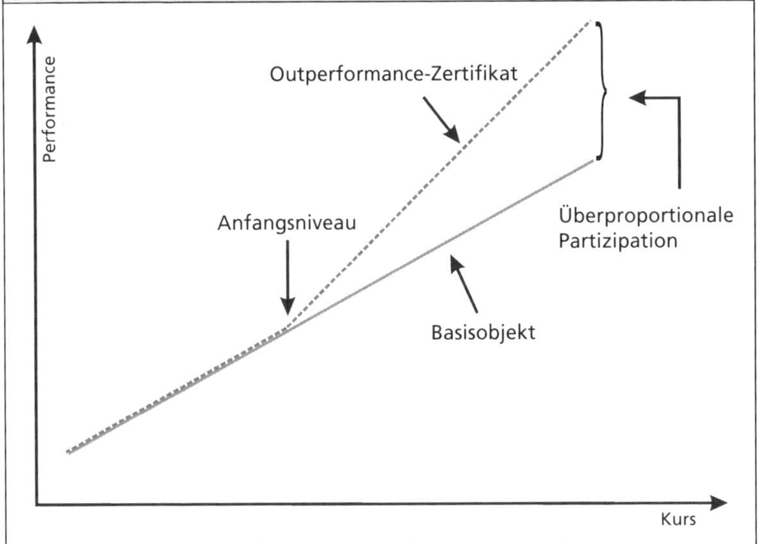

Outperformance-Zertifikate sind im Grunde eine Kombination von zwei Anlageklassen: zum einen das Basisobjekt selbst und zum anderen eine Call-Option. Durch die Call-Option wird dabei die hohe Partizipationsrate realisiert. Je mehr Optionen in einem Outperformance-Zertifikat integriert sind, desto höher fällt die Partizipationsrate aus. Die Anzahl der Optionen hängt dagegen von der Möglichkeit ihrer Finanzierung ab. Da diese durch die zu erwartenden Dividenden des Basisobjekts finanziert werden, können umso mehr Optionen erworben werden, je höher die Dividende ausfällt. Der Basispreis dieser Call-Option entspricht dabei dem Basisobjekt des Zertifikats. Bei einer Partizipationsrate von 170 Prozent könnten aus der zu erwartenden Dividende des Basisobjekts 70 Prozent einer Kaufoption finanziert werden. Der Anleger kann in diesem Fall von der positiven Kursentwicklung des Basisobjekts mit einem Partizipationsfaktor von 1,7 an den Kurssteigerungen profitieren. Im Gegenzug verzichtet er auf die Dividenden.

Beispiel:

Ein Anleger kauft ein Outperformance-Zertifikat auf die Muster-Aktie, die gerade bei 50 Euro notiert. Bei Emission entspricht der Kurs des Zertifikats genau dem Kurs der Aktie, hier also ebenfalls 50 Euro. Die aus den Dividenden finanzierte Performancekomponente soll dabei eine Partizipationsrate von 150 Prozent ermöglichen.

Sollte die Muster-Aktie zum Laufzeitende des Zertifikats oberhalb von 50 Euro notieren, so erhält der Anleger zuzüglich zu den 50 Euro noch die Performancekomponente entsprechend der Partizipationsrate ausgezahlt. Aus jedem Euro, den die Muster-Aktie über 50 Euro notiert, erhält der Anleger 1,50 Euro ausgezahlt. Steigt der Kurs der Muster-Aktie um 10 Euro auf 60 Euro, so erhält der Anleger 65 Euro ausgezahlt.

Kurs des Zertifikats = Basispreis + ((Kurs der Aktie – Basispreis) * Partizipation)

50 Euro + ((60 Euro – 50 Euro) * 150 %) = 65 Euro

Der Anleger hat damit eine um den Faktor 1,5 bessere Rendite erzielt als ein Direktanleger in die Muster-Aktie.

Checkliste: Bandbreiten-Zertifikate

Vorteile:

Börsentäglicher Handel

Gleiches Risiko wie bei einer Direktanlage

Hebel wirkt nur bei steigenden Kursen

Nachteile:

Verzicht auf Dividenden

Laufzeit nur bei ein bis drei Jahren

Winner-Zertifikate

Winner-Zertifikate, die unter anderem von der Deutschen Bank emittiert werden, sind eine relativ neue Form von Zertifikaten, welche dem Anleger eine rückwirkende Portfoliooptimierung bieten. Diese rückwirkende Portfoliooptimierung lässt sich am besten anhand eines Beispiels erklären.

Beispiel:

Nehmen wir an, ein Anleger investiert heute jeweils 1 000 Euro in fünf ausgewählte Aktien. Nach einigen Jahren haben die Aktien sich unterschiedlich gut entwickelt: Einige sind sehr stark gestiegen, andere haben sich seitwärts entwickelt, und wieder andere haben sich sogar als absolute Nieten herausgestellt und sind gefallen.

Es wäre demzufolge besser gewesen, wenn man anstatt fünf Aktien nur die drei Spitzenreiter erworben hätte. Leider kann man aber nicht in die Zukunft blicken und die Anlageentscheidung a priori richtig planen.

Und genau an dieser Stelle kommen Winner-Zertifikate ins Spiel. Sie ermöglichen es quasi, die Zeit bis zum Emissionszeitpunkt zurückzudrehen: Zurückblickend wird der Wert des Zertifikats aus der Kursentwicklung der drei besten Aktien von den ursprünglichen fünf ermittelt.

Es ist demnach so, als hätte man zum Emissionszeitpunkt nicht die 5 000 Euro in fünf verschiedene Aktien investiert, sondern stattdessen die 5 000 Euro auf die drei besten Aktien verteilt. Der Rückzahlungsbetrag bei diesen Zertifikaten ergibt sich nämlich nur aus den Titeln, die sich während der Laufzeit des Zertifikats am besten entwickelt haben. Anleger haben so bereits zum Zeitpunkt der Emission des Zertifikats die Gewissheit, dass die Wertentwicklung sich nur an den Spitzenreitern orientiert.

Natürlich gibt es bei all diesen positiven Ausführungen einen Haken. Das Zertifikat ist mit einem Cap ausgestattet, so dass der maximale Gewinn von vornherein begrenzt ist. Dieser Cap kommt jedoch erst dann zum Tragen, wenn die Aktien, die diesem Zertifikat zugrunde liegen, stark steigen. In diesem Fall würde das Zertifikat keine Vorteile gegenüber einem Direktinvestment aufweisen.

In allen anderen Fällen jedoch ist der Anleger besser gestellt als ein Direktinvestor. Denn in der Regel steigen in einem Aktienportfolio trotz guter Börsenphase nicht alle Aktien. Vielmehr wird es immer mindestens eine Aktie geben, die sich aufgrund interner unternehmenspolitischer Gründe schlechter entwickelt als der Gesamtmarkt oder sogar fällt. Bei einem Direktinvestor würde so die Gesamtrendite des Portfolios schrumpfen, beim Zertifikateinhaber hingegen nicht: Diese schlechte Aktie wird in gewisser Weise ausgeklammert.

Sollte jetzt aber beispielsweise der Fall eintreten, dass alle Aktien fallen, kann der Zertifikateinhaber trotzdem sicher sein, dass nur die Aktien zählen, die am wenigsten gefallen sind. Daher ist auch in diesem Szenario der Zertifikateanleger besser gestellt als der Direktanleger.

Besonders erfolgreich ist diese Strategie bei einem branchenorientierten Ansatz, beispielsweise im Biotechnologiebereich. Es gibt hier zum einen immer Aktien, die aufgrund guter Forschungsergebnisse extrem steigen, und zum anderen Aktien, die aufgrund von enttäuschenden Ergebnissen stark fallen. Der Zertifikateinvestor kann so die schwarzen Schafe ausklammern und dadurch von den Spitzenreitern profitieren. Damit wird der Anleger quasi unabhängig von dem mit Einzelaktien verbundenen Risiko.

Folgende Szenarien lassen sich identifizieren:

Szenario 1: Alle Aktien steigen

Szenario 2: Die meisten Aktien steigen

Szenario 3: Die meisten Aktien fallen

Szenario 4: Alle Aktien fallen

Aktie	**Kurs bei Emission**	**Szenario 1**	**Szenario 2**	**Szenario 3**	**Szenario 4**
Aktie 1	100	110	110	85	95
Aktie 2	100	130	95	80	70
Aktie 3	100	105	80	105	85
Aktie 4	100	140	140	135	90
Aktie 5	100	150	110	90	95
Gesamtwert des Aktienkorbes	100	127	107	99	89

Rendite des Aktienkorbes		+27 %	+7 %	–1 %	–13 %
Wert des Winner-Korbes (drei Aktien)		140	120	110	93
Rückzahlung des Winner-Zertifikats (Cap=130)		130	120	110	93
Rendite des Winner-Zertifikats		+30 %	+20 %	+10 %	–7 %

Wie man an diesem Beispiel erkennen kann, ist der Anleger immer besser gestellt als ein Direktanleger. Die Gewinne werden also maximiert und die Verluste minimiert. Damit stellt dieses Zertifikat eine interessante Alternative zu einem Direktinvestment dar.

Checkliste: Winner-Zertifikate
Vorteile:
Interessant bei branchenorientiertem Ansatz
Rückwirkende Portfoliooptimierung
Nur Gewinner-Aktien spielen eine Rolle
Nachteile:
Cap
Verzicht auf Dividenden

Aktienanleihen

Aktienanleihen, die auch als „Reverse Convertibles" bezeichnet werden, werden seit einiger Zeit verstärkt auf den Markt gebracht. Es handelt sich hierbei um Schuldverschreibungen, die börsentäglich gekauft und verkauft werden können und dem Emittenten das Recht einräumen, am Ende der Laufzeit entweder den Nominalbetrag zurückzuzahlen oder aber eine bestimmte Anzahl an Aktien zu liefern.

Mit anderen Worten: Der Anleihekäufer stellt dem Emittenten eine gewisse Geldsumme zur Verfügung. Dafür bekommt er eine Rendite, die weit über der derzeitigen Kapitalmarktrendite liegt. Die Rückzahlung kann wahlweise in Form von Bargeld oder in Form von einer vorher festgelegten Anzahl von Aktien erfolgen.

Damit sind Aktienanleihen nichts anderes als Zertifikate in einer anderen Verpackung. Aktienanleihen sind im Grunde wie Discount-Zertifikate strukturiert. Die Rückzahlung ist zum einen auf einen Höchstbetrag beschränkt (Cap) und zum anderen vom Kurs des Basisobjekts, in diesem Fall einer bestimmten Aktie, abhängig.

Es wird beispielsweise eine Aktienanleihe auf die Muster-Aktie emittiert. Diese Anleihe soll einen Zinssatz von 10 Prozent bieten und eine Laufzeit von einem Jahr haben. Die Tilgung kann entweder in Form einer Bargeldzahlung von 1 000 Euro oder aber in Form von der Lieferung von 50 Aktien der Muster-Aktie erfolgen.

Auszahlungsprofil einer Aktienanleihe

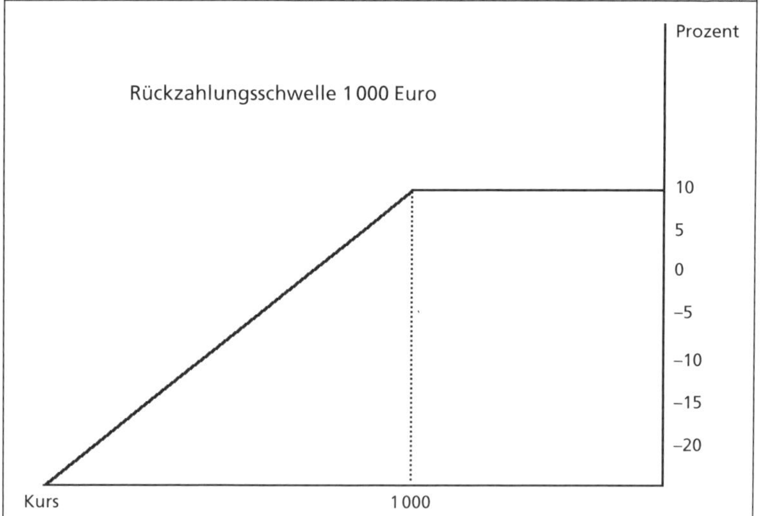

Welche Tilgungsart der Emittent wählt, hängt entscheidend von dem Kurs der Muster-Aktie am Laufzeitende ab. Sollte der Kurs bei 20 Euro liegen, dann ist es aus Sicht des Emittenten gleichgültig, ob er dem Anleger 1 000 Euro zahlt oder ob er dem Anleger 50 Aktien im Wert von 1 000 Euro (50 x 20 = 1 000) liefert.

$$\frac{\text{Nennbetrag}}{\text{Aktienanzahl}} = \frac{1\,000 \text{ Euro}}{50 \text{ Stück}} = 20 \text{ Euro}$$

Sollte der Kurs der Muster-Aktie jedoch unter 20 Euro notieren, ist es für den Emittenten lukrativer, die 50 Aktien zu liefern. Wenn nun beispielsweise der Kurs der Muster-Aktie auf 15 Euro fallen würde, würde der Emittent 50 Aktien zu 15 Euro, somit insgesamt den Kurswert von 750 Euro, zurückzahlen. Liegt dagegen der Kurs der Muster-Aktie über 20 Euro, also beispielsweise bei 25 Euro, würde der Emittent den Nominalbetrag von 1 000 Euro zurückzahlen.

Das heißt, dem Anleger können bei dieser Konstruktion höchstens 1 000 Euro, sei es in Form von Bargeld oder in Form von Aktien, jeweils zuzüglich der Zinsen zurückfließen. Im schlechtesten Szenario, wenn die Aktien der Muster-Aktie bei null notieren, verliert der Anleger sein gesamtes Kapital. Es verbleiben ihm dann nur noch die Zinsen der Aktienanleihe.

Damit entspricht diese Aktienanleihe einem Paket von 50 Discount-Zertifikaten auf die Muster-Aktie, deren Cap bei 20 Euro liegt. Das heißt, an Kurssteigerungen über 20 Euro profitiert weder der Käufer der Aktienanleihe noch der Käufer eines entsprechenden Discount-Zertifikats. Diese Benachteiligung wird jedoch bei beiden Anlageformen unterschiedlich ausgeglichen. Bei der Aktienanleihe erhält der Anleger am Laufzeitende eine Zinszahlung. Bei Discount-Zertifikaten hingegen erhält der Anleger zu Laufzeitbeginn einen Ausgleich in Form eines Discounts.

Zusammenfassend lässt sich festhalten, dass sowohl Käufer von Aktienanleihen als auch Käufer von Discount-Zertifikaten das volle Kursrisiko der zugrunde liegenden Aktie übernehmen. Die Gewinnmöglichkeiten sind dagegen nur begrenzt vorhanden.

Diese Form von Anleihen ist also ein getarntes Optionsgeschäft, das nur für denjenigen interessant ist, der damit rechnet, dass die Aktie die Rückzahlungsschwelle nicht unterschreitet. Andernfalls wird der Anleihekäufer, wie im Beispiel erklärt, oft überraschend zum Aktionär. Entschieden wird am Rückzahlungstag durch den Emittenten. Daher eignet sich dieses Finanzprodukt nur für Anleger, die damit rechnen, dass die Aktienkurse stagnieren.

Mit anderen Worten: Der Emittent erhält das Geld der Anleger und erwirbt dann selbst die Aktien. Steigt der Kurs, so streicht er den Gewinn ein. Fällt der Kurs, dann werden dem Anleihekäufer die Verluste aufgebürdet. Der Käufer einer solchen Aktienanleihe wird also in gewisser Weise ausgenutzt. Deshalb sollten Anleger sich überlegen, ob es nicht sinnvoller wäre, gleich die entsprechenden Aktien zu erwerben, da das Verlustrisiko, mal abgesehen von den Zinsen, gleich hoch ist und immer noch die Hoffnung auf größere Gewinne in Form von Kurssteigerungen besteht.

Checkliste: Aktienanleihen
Vorteile: Börsentägliche Handelbarkeit Hohe Zinsen
Nachteile: Cap Volles Kursrisiko

Hedge-Zertifikate

Seit einiger Zeit rücken Hedge-Fonds bei den privaten Anlegern in den Mittelpunkt des Interesses. Versprechen diese doch sowohl bei steigenden als auch bei fallenden Indizes hohe Gewinne. Neben der Möglichkeit, direkt in Hedge-Fonds zu investieren, gibt es seit neuestem auch die Möglichkeit, in Hedge-Zertifikate zu investieren. Dabei wird nicht nur die Kursentwicklung eines Hedge-Fonds abgebildet, sondern meist ein Korb aus einer Vielzahl von Hedge-Fonds. Dadurch verspricht man sich ein geringeres Risiko als in einem Einzelinvestment.

Und dieses Risiko kann erheblich sein, wie die Vergangenheit lehrt. Wer erinnert sich nicht noch an das Jahr 1998, in dem der Hedge-Fonds „Long Term Capital Management" (LTCM) im Zuge der Asienkrise zusammenbrach und beinahe das gesamte Weltfinanzsystem an den Rand des Absturzes brachte.

Aber wo Risiken sind, gibt es auch Chancen. So konnte der berühmte Investor George Soros 1993 Milliardengewinne mit seinem Hedge-Fonds einfahren, als er eine gewaltige Spekulation gegen das britische Pfund gewagt hatte und das Pfund dadurch sogar das europäische Wechselkurssystem vorübergehend verlassen musste.

Die Idee, die hinter Hedge-Fonds steckt, ist die des so genannten „Total Return"-Prinzips. Ziel ist, eine jährliche Rendite zu erwirtschaften, die zwischen 8 und 15 Prozent liegt, und das unabhängig davon, wie die Börsennotierungen sich entwickeln.

Damit unterscheiden sich Hedge-Fonds von klassischen Investmentfonds, deren Ziel ist, besser als der jeweilige Index abzuschneiden. Demnach gelten Investmentfonds schon als erfolgreich, wenn sie beispielsweise 15 Prozent im Minus liegen, währenddessen der Vergleichsindex 20 Prozent verloren hat. Nur wie man das Blatt auch wendet, letztendlich bleibt ein Verlust für den Anleger.

Die Orientierung an einer relativen Performance versucht man mit Hedge-Fonds zu umgehen. Daraus ergibt sich, dass Hedge-Fonds wesentlich geringere Schwankungen aufweisen als Indizes. Dies erkauft man sich jedoch mit etwas geringeren absoluten Renditen.

Chance/Risiko-Profil: Hedge-Zertifikat vs. Aktien und Anleihen

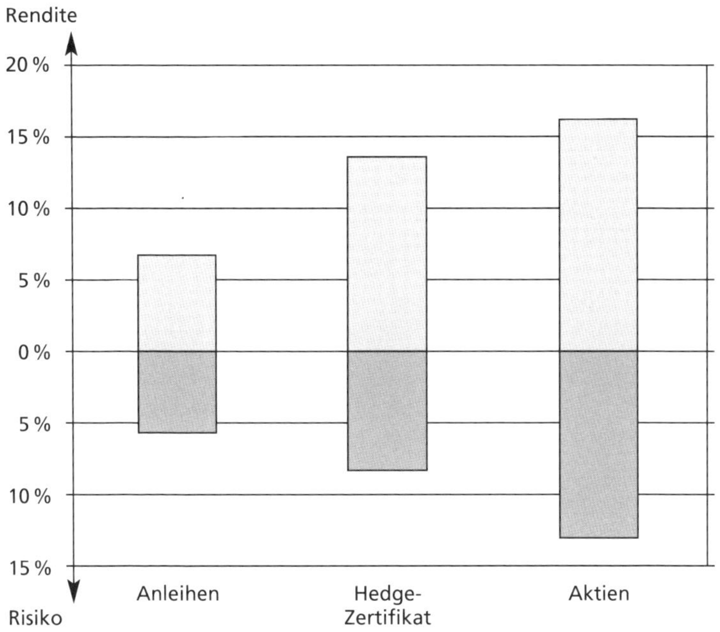

Um dieses Ziel zu erreichen, wenden Hedge-Fonds verschiedenste Strategien an und spekulieren mit Aktien, Anleihen, Währungen, Rohstoffen sowie mit Optionen und Futures. Häufig werden auch so genannte Leerverkäufe durchgeführt. Das heißt, Hedge-Fonds leihen sich Aktien bei Großinvestoren, wie beispielsweise Versicherungen, und verpflichten sich, diese den Großinvestoren zu einer festgesetzten Zeit zuzüglich einer Leihgebühr zurückzugeben.

Diese geliehenen Aktien werden nun an der Börse verkauft. Die Hedge-Fonds hoffen nun, dass die Kurse fallen und dass sie die Aktien zu einem niedrigeren Kurs wieder zurückkaufen können, als sie diese verkauft haben.

Mit Hilfe dieser Strategie lassen sich selbst in Phasen fallender Börsennotierungen satte Gewinne einfahren. Die Strategie ist jedoch nicht ohne Risiko. Sollten die Kurse nicht fallen, sondern steigen, drohen massive Verluste, da die Hedge-Fonds die geliehenen Aktien wieder zurückgeben müssen. Wenn sie aber die Aktien nicht mehr besitzen, müssen sie diese über die Börse zu einem höheren Kurs als den Verkaufskurs zurückkaufen. Je höher die Kurse steigen, desto höher wird der Verlust für die Hedge-Fonds. Diese eben beschriebene Strategie ist jedoch nur eine von vielen möglichen. Einige andere Ansätze sollen im Folgenden näher vorgestellt werden.

Relative Value Hedge-Strategie

Bei dieser Strategie werden Bewertungsdifferenzen zwischen voneinander abhängigen Wertpapieren desselben Unternehmens ausgenutzt. Beispielsweise kann es vorkommen, dass eine Wandelanleihe niedriger notiert, als es der Aktienkurs vermuten lässt. Dann wird die Wandelanleihe gekauft und zusätzlich die Aktie leerverkauft. Dadurch kann quasi ohne Risiko an einer Reduzierung der Bewertungsdifferenz partizipiert werden, und das unabhängig davon, ob die Aktie steigt oder fällt.

Global Macro Hedge-Strategie

Diese Strategie versucht, bestimmte makroökonomische Tendenzen auszunutzen. Dabei finden häufig Spekulationen auf Rohstoffe, Zinsen oder Währungen statt. So wird beispielsweise auf die Vereinheitlichung der Zinssätze von Ländern spekuliert, die auf absehbare Zeit in die Eurozone aufgenommen werden.

Short Selling Hedge-Strategie

Hier tätigt der Hedge-Fonds ausschließlich Leerverkäufe. Vom Fonds werden bei dieser Strategie Leerverkäufe in sehr hohen Stückzahlen durchgeführt. Dadurch will man den Kurs des Spekulationsobjekts herunterprügeln, in der Hoffnung, dass andere Marktteilnehmer dadurch ebenfalls verkaufen und dadurch der Kurs noch weiter fällt. Dies tritt vor allem immer dann auf, wenn so genannte Stop-Loss-Schwellen unterschritten werden und dadurch viele Orders unlimitiert auf den Markt geworfen werden.

Geht die Spekulation auf, kann der Hedge-Fonds die leerverkauften Aktien billig wieder zurückkaufen und an den Ausleiher zurückgeben. Problematisch wird die Sache nur, wenn trotz massiver Verkäufe des Hedge-Fonds die Kurse nicht fallen, sondern gleich bleiben oder sogar steigen. Dann muss der Fonds sich mit den leerverkauften Aktien zu einem wesentlich höheren Preis wieder eindecken, was zu spontanen Kursreaktionen nach oben führen kann. In diesem Zusammenhang wird von einer „Short Crisis" gesprochen.

Event Driven Hedge-Strategie

Bei dieser Strategie wird auf bestimmte Ereignisse spekuliert. Beispielsweise wird häufig auf Übernahmen von Unternehmen gesetzt. Dazu kauft ein Hedge-Fonds Aktien desjenigen Unternehmens, welches möglicherweise übernommen wird. Die Hoffnung besteht nun darin, dass im Zuge der Übernahme von dem kaufwilligen Unternehmen eine Übernahmeprämie auf den Börsenkurs gezahlt wird. Zusätzlich dazu werden die Aktien des Unternehmens, welches die Kaufabsicht hat, leerverkauft, da die Erfahrung zeigt, dass nach Bekanntwerden die Kurse dieses Unternehmens fallen.

Equity Hedge-Strategie

Bei dieser Strategie wird versucht, unterbewertete bzw. überbewertete Aktien zu identifizieren. Wenn beispielsweise die Aktien eines Unternehmens ohne fundamentalen Grund gefallen sind, werden sie gekauft. Aktien von Unternehmen, die ohne Grund stark gestiegen sind, werden leerverkauft.

Die Hoffnung besteht nun darin, dass sich die Bewertungsschere schließt, indem die Aktien des überbewerteten Unternehmens fallen und die des unterbewerteten Unternehmens steigen. Durch diese Konstruktion haben, wie auch bei der Relative Value Strategie, die allgemeinen Kurstendenzen des Gesamtmarktes keinen Einfluss auf Verlust oder Gewinn. Es ist einzig die Differenz für die Rendite verantwortlich.

Systematic Futures Trading Hedge-Strategie

Bei dieser Strategie handelt es sich um eine der riskantesten Strategien überhaupt, da bei Futuresgeschäften nur ein geringer Kapitaleinsatz notwendig ist, um riesige Geldmengen zu bewegen.

Geht die Spekulation auf, so sind sehr hohe Gewinne möglich. „Verspekuliert" sich der Fonds jedoch, kann bei dieser Strategie eine einzelne Fehlentscheidung den Zusammenbruch des Fonds bedeuten.

Es gibt neben diesen noch diverse andere Strategien oder Kombinationen von Strategien, die ein Hedge-Fonds umsetzen kann. Da verschiedene Fonds nach unterschiedlichen Strategien handeln, können hohe Risiken entstehen. Diesen Risiken versucht man entgegenzuwirken, indem man Hedge-Zertifikate auflegt, die die Kursentwicklung eines Korbes aus vielen Hedge-Fonds oder aber gleich die Kursentwicklung von Hedge-Indizes abbilden.

Praxis-Tipp:

Für Privatanleger ergibt sich noch ein weiterer Grund, auf Zertifikate zu setzen: Viele Fonds verlangen sehr hohe Mindestanlagesummen. Mindestsummen von einer Million Euro oder mehr sind keine Seltenheit. Jedoch gibt es in einigen Ländern gesetzliche Bestimmungen, die einen Vertrieb in diesen Ländern unmöglich machen. Ein Investment kann sich als lohnend erweisen.

Aus diesem Grund sollen im Folgenden einige interessante Hedge-Fonds-Zertifikate aufgelistet werden, die ein geneigter Anleger für ein Investment in die engere Auswahl aufnehmen kann. Ein Anleger sollte aber vor einer Kaufentscheidung unbedingt den Verkaufsprospekt vom Emittenten anfordern und diesen genau studieren, um von der jeweiligen Strategie des Zertifikats Kenntnis zu erlangen.

Zertifikate auf Hedge-Fonds-Indizes

Name	Emittent	Verfalls-tag	Bezugs-verhältnis	ISIN
Deutsche Bank HedgeSelect Zertifikat	Deutsche Bank	26.9.2008	1:1	DE0008426644
WestLB Global Hedge Index Zertifikat	WestLB	4.4.2008	1:1	DE0006995970

Zertifikate auf Hedge-Strategie-Indizes

Name	Laufzeit	ISIN
Deutsche Bank HFRX Convertible Arbitrage Index Zertifikat	Endlos	DE000DB2KJD3
Das Zertifikat profitiert von Preisineffizienzen zwischen Wandelanleihen und ihren zugrunde liegenden Aktien.		

Name	Laufzeit	ISIN
Deutsche Bank HFRX Distressed Securities Index Zertifikat	Endlos	DE000DB2KJE1
Das Zertifikat profitiert von Wertpapieren von Unternehmen, die sich in einer finanziell angespannten Situation, wie z. B. Insolvenz, befinden.		

Name	Laufzeit	ISIN
Deutsche Bank HFRX Equity Hedge Index Zertifikat	Endlos	DE000DB2KJF8
Das Zertifikat profitiert davon, dass Aktien gekauft werden, die als unterbewertet gelten, und Aktien leerverkauft werden, die überbewertet sind.		

Name	Laufzeit	ISIN
Deutsche Bank HFRX Equity Market Neutral Index Zertifikat	Endlos	DE000DB2KJG6
Ähnlich wie Equity Hedge, setzt jedoch gleichzeitig auf fallende und steigende Aktiennotierungen		

Name	Laufzeit	ISIN
Deutsche Bank HFRX Event Driven Index Zertifikat	Endlos	DE000DB2KJH4
Dieses Zertifikat profitiert von der Unsicherheit in Bezug auf den Ausgang besonderer Situationen eines Unternehmens, wie Fusionen oder Ausgliederungen.		

Name	Laufzeit	ISIN
Deutsche Bank HFRX Macro Index Zertifikat	Endlos	DE000DB2KJK8
Das Zertifikat profitiert von Preisineffizienzen über verschiedene Anlageklassen hinweg unter Verwendung eines makroökonomischen Top-Down-Ansatzes.		

Name	Laufzeit	ISIN
Deutsche Bank HFRX Merger Arbitrage Index Zertifikat	Endlos	DE000DB2KJL6
Das Zertifikat profitiert von Abhängigkeiten zwischen den Aktien von Unternehmen, die an einer Fusion oder Übernahme beteiligt sind.		

Name	Laufzeit	ISIN
Deutsche Bank HFRX Relative Value Arbitrage Index Zertifikat	Endlos	DE000DB2KJM4
Dieses Zertifikat profitiert von Preisineffizienzen zwischen miteinander verbundenen Wertpapieren.		

Name	Laufzeit	ISIN
Deutsche Bank HFRX Global Hedge Fund Index Zertifikat	Endlos	DE000DB2KJJ0
Das Zertifikat verbindet alle acht Strategien, deren Gewichtung auf Basis der Verteilung der Vermögenswerte in der Hedge-Fonds-Branche erfolgt.		

Checkliste: Hedge-Zertifikate
Vorteile:
Zugang zu einer neuen Anlageklasse
Renditepotential unabhängig von der Entwicklung am Aktien- und Anleihemarkt
Sinnvoll als Beimischung im Depot
Nachteile:
Rückgabe nur monatlich
Hohe Gebühren, z. B.
0,25 % pro Quartal Grundgebühr
0,125 % im Quartal Trackinggebühr
1 % Ausübungsgebühr

Zertifikate-Alternative Indexfonds

Um eine passive Anlagestrategie umsetzen zu können, ist nicht unbedingt der Kauf von Zertifikaten notwendig. Es geht auch mit Indexfonds und Indexaktien. Diese werden ebenso wie Zertifikate nicht aktiv gemanagt, sondern bilden die Kursentwicklung des zugrunde liegenden Basisobjekts 1:1 ab. Diese Anlageform ist in den USA sehr weit verbreitet und gerät nun im Zuge des Versagens von aktiv gemanagten herkömmlichen Investmentfonds auch in Deutschland zusehends in den Blickpunkt des Anlegerinteresses.

Eigens hierfür hat die Deutsche Börse AG ein Handelssegment namens Exchange Traded Funds (XTF) geschaffen, an dem diese Form von Wertpapieren einfach und kostengünstig gehandelt werden kann.

Im Gegensatz zu Zertifikaten handelt es sich bei dieser Anlageform rein rechtlich nicht um Schuldverschreibungen der Emittenten, sondern um ein Sondervermögen, welches einem gesonderten Schutz unterliegt. Das heißt, selbst wenn der Emittent in Konkurs gehen sollte, hat dies für den Inhaber des Indexfonds keinerlei finanzielle Auswirkungen, da das Sondervermögen nicht zur Konkursmasse zählt, sondern stets im Eigentum der Fondseigner verbleibt. Somit ist bei Indexfonds das Konkursrisiko des Emittenten nicht vorhanden.

Indexfonds funktionieren ähnlich wie klassische aktiv gemanagte Fonds. Der einzige Unterschied besteht darin, dass in diesem Fall keine fragwürdige Strategie eines mehr oder weniger talentierten Managers umgesetzt wird, sondern dass das einzige Anlageziel darin besteht, den zugrunde liegenden Index 1 : 1 abzubilden. Um dieses Ziel zu erreichen, wird der Fonds folgerichtig das Geld der Anleger in diejenigen Aktien investieren, die auch im Index enthalten sind, und zwar so, dass die Gewichtung der Aktien im Fonds genau der Gewichtung der Aktien im Index entspricht.

Wenn beispielsweise ein Indexfonds sich zum Ziel gesetzt hat, den Eurostoxx 50 abzubilden, wird der Fonds entsprechend der Indexgewichtung das Geld der Fondseigner in genau diese 50 im Eurostoxx enthaltenen Aktien investieren. Indexschwergewichte, wie beispielsweise der französische Energiekonzern Total, werden dementsprechend stärker gewichtet als kleinere Aktien.

Die einzige Aufgabe des Fondsmanagers besteht also darin, dafür Sorge zu tragen, dass die Gewichtung der Aktien im Fonds genau der Gewichtung im Index entspricht. Damit weisen derartige Fonds ein annähernd gleiches Chance/Risiko-Verhältnis auf wie ein herkömmliches Index-Zertifikat. Das heißt, ein solcher Indexfonds wird niemals schlechter abschneiden als der Index, aber eben auch niemals besser.

Indexfonds können an der Börse wie normale Aktien gehandelt werden. So genannte „Designated Sponsors“ übernehmen das Market Making und stellen fortlaufend aktuelle Geld- und Briefkurse. Somit fallen beim Kauf und Verkauf nur die üblichen Transaktionskosten wie bei normalen Aktiengeschäften an. Aufgrund der aktienähnlichen Handelbarkeit der Indexfonds bezeichnet man diese häufig auch als Indexaktien.

Der Anleger wird sich bei nüchterner Betrachtungsweise nun die Frage stellen, was vorteilhafter ist, ein Index-Zertifikat oder ein Indexfonds. Da die Kursentwicklung dieser beiden Anlageprodukte gleich ist und seit Einführung von Endlos-Zertifikaten bei beiden Produkten praktisch eine unbegrenzte Laufzeit gewährleistet ist, kann ein Entscheidungskriterium, abgesehen vom Bonitätsrisiko des Emittenten, nur in der Gebührenhöhe und der steuerlichen Behandlung gefunden werden.

Der Hauptunterschied liegt hierbei in der steuerlichen Behandlung von Dividendenerträgen. Bei Indexfonds fließen Dividenden mit in das Fondsvermögen ein. Ein Anleger partizipiert an den Dividendenausschüttungen in voller Höhe. Diese sind allerdings steuerpflichtig, so dass der Anleger die hieraus erwirtschafteten Erträge in seiner Einkommensteuererklärung zu berücksichtigen hat.

Zertifikateanleger hingegen werden meistens überhaupt nicht an Dividenden beteiligt, so dass Zertifikate in diesem Fall weniger Vorteile aufweisen als Indexfonds. Eine Ausnahme bilden lediglich Zertifikate auf Performanceindizes, die Dividendenzahlungen in die Kurse mit einpreisen. Zertifikateanleger können in diesem Sonderfall die sonst steuerpflichtigen Dividendenerträge in steuerfreie Kursgewinne umwandeln.

In der Regel sind die meisten Indizes Kursindizes, weshalb dem Zertifikateanleger meistens die Dividenden verloren gehen. Jedoch gibt es neben dem Erhalt und der steuerlichen Behandlung von Dividenden noch ein Argument, welches zu berücksichtigen ist: die Gebührenstruktur.

Während bei Index-Zertifikaten meist keinerlei Managementgebühren und nur geringe Spreads auftreten, sind bei Indexfonds jährliche Gebühren von 0,5 Prozent keine Seltenheit. Auch Spreads von bis zu 1,5 Prozent können die Freude an solch einem Investment schmälern. Um zu entscheiden, welche Anlageform lukrativer ist, muss eine ganzheitliche Betrachtungsweise vorgenommen werden, die sowohl die Dividendenausschüttungen als auch die Gebührenstruktur berücksichtigt.

Praxis-Tipp:

Im Allgemeinen lässt sich folgende Aussage treffen: Bei der Abbildung von Performanceindizes sind Zertifikate am besten geeignet, da die Gebühren niedrig und die Partizipation an Dividenden gegeben ist. Ein typisches Beispiel sind Index-Zertifikate auf den DAX. Bei Kursindizes hingegen sind Indexfonds vorzuziehen. Bei dieser Anlageform sind zwar die Gebühren höher, jedoch wird der Anleger im Gegenzug an den Dividenden in voller Höhe beteiligt. Und diese Dividenden sind meist wesentlich höher als die durch den Fonds veranschlagten Managementgebühren.

Die folgenden Tabellen sollen zusammenfassend einen Überblick über die Unterschiede und Gemeinsamkeiten der beiden Anlagealternativen geben. Weiterhin sollen einige interessante Indexfonds aufgeführt werden, in die sich ein Investment lohnen könnte.

Vergleich der Anlagealternativen Index-Zertifikat und Indexfonds

Kriterium	**Index-Zertifikat**	**Indexfonds**
Rechtliche Struktur	Schuldverschreibung des Emittenten	Sondervermögen
Emittent	Banken, Sparkassen	Kapitalanlage-gesellschaften
Konkursrisiko des Emittenten	Ja	Nein
Börsentägliche Handelbarkeit	Ja	Ja
Spread	0 bis 1 Prozent	0,25 bis 1,5 Prozent
Managementgebühr	0 Prozent	bis 0,5 Prozent
Dividenden-partizipation	Kursindex: Nein Performanceindex: Ja	Ja
Steuerfreie Kursgewinne	Ja, nach zwölf Monaten	Ja, nach zwölf Monaten
Steuerfreie Dividenden	Ja, bei Performance-indizes	Nein

Indexfonds	Emittent	Laufzeit	Bezugs-verhältnis	ISIN
DAX	Indexchange Investment	Endlos	1:100	DE0005933931
DJ Global Titans	Indexchange Investment	Endlos	1:10	DE0006289382
DJ UK Titans 50	Fresco (UBS Asset Man.)	Endlos	1:10	LU0136242590
DJ US Technology	Fresco (UBS Asset Man.)	Endlos	1:10	LU0136240115
Dow Jones	Fresco (UBS Asset Man.)	Endlos	1:100	LU0136234654
Dow Jones	Indexchange Investment	Endlos	1:100	DE0006289390
Dow Jones Master Unit	Lyxor International Asset	Endlos	1:100	FR0007056841
Eurostoxx 50	Barclays Global Investors	Endlos	1:100	IE0008471009
Eurostoxx 50	Indexchange Investment	Endlos	1:100	DE0005933956
Eurostoxx Gesundheit	Indexchange Investment	Endlos	1:10	DE0006289333
MDAX	Indexchange Investment	Endlos	1:100	DE0005933923
MSCI World	Unico	Endlos	1:10	LU0140540146
S&P 500	Barclays Global Investors	Endlos	1:100	DE0002643889
Stoxx 50	Indexchange Investment	Endlos	1:100	DE0005933949
Stoxx Banken	Indexchange Investment	Endlos	1:10	DE0006289341
Stoxx Technologie	Indexchange Investment	Endlos	1:10	DE0006289366

Risiken von Zertifikaten

3

Kursrisiko

Der Wert eines Zertifikats ändert sich, mal abgesehen von Zertifikaten, die einen Hebel besitzen oder eine bestimmte Strategie umsetzen, direkt proportional zu dem durch das Zertifikat abgebildeten Basisobjekt. Fällt beispielsweise bei einem Index-Zertifikat der zugrunde liegende Index um 10 Prozent, so verringert sich in diesem Fall auch der Zertifikatepreis um 10 Prozent. Produkte mit eingebautem Hebel fallen bzw. steigen um ein Vielfaches, je nachdem, wie hoch der Hebel ist. Bei Strategiezertifikaten, die beispielsweise auf fallende Kurse setzen, steigt der Wert, wenn das abgebildete Basisobjekt fällt.

Die Entwicklung des Zertifikatepreises ist demnach abhängig vom Marktpreis des Basisobjekts. Folglich gelten hier die gleichen Risiken wie beispielsweise bei der Anlage in Aktien. Der Käufer von Aktien oder Zertifikaten nimmt also in Kauf, dass der Preis im Laufe der Zeit schwankt und sowohl nach unten als auch nach oben ausschlagen kann. Da ein Käufer natürlicherweise nicht vorhersagen kann, wie die zukünftige Entwicklung verläuft, besteht Unsicherheit. Und genau diese Unsicherheit wird als Kursrisiko oder aber auch als Marktpreisrisiko bezeichnet. Jeder Zertifikatekäufer setzt sich mit dem Kauf eines Zertifikats dem Risiko aus, dass sich der Marktpreis des Basisobjekts im Zeitverlauf verändert.

Gegenüber einer Aktienanlage ist jedoch zusätzlich zu beachten, dass Zertifikatekäufer keine Erträge in Form von Dividenden ausschütten. Deshalb besteht die Gewinnmöglichkeit ausschließlich darin, an Kurssteigerungen zu partizipieren. Dies ist insbesondere bei stagnierenden Märkten von Bedeutung. Hier sind keine Kurssteigerungen feststellbar. Die einzige Gewinnmöglichkeit besteht darin, Dividendenzahlungen zu erhalten, aber genau diese gibt es bei Zertifikaten nicht.

Zwar gibt es die Möglichkeit, auf Zertifikate so genannter Performanceindizes auszuweichen, in denen Dividendenausschüttungen eingepreist werden, jedoch handelt es sich nicht bei allen Indizes um derartige Performanceindizes, sondern vielmehr um Kursindizes. Weiterhin kann auch nicht vorausgesetzt werden, dass Anleger nur Index-Zertifikate erwerben. Vielmehr werden Themenzertifikate, Zertifikate auf Aktienkörbe oder aber Strategie-Zertifikate auf dem Einkaufszettel stehen. An Dividenden werden Zertifikatekäufer daher in der Regel nicht partizipieren können.

Das Kursrisiko lässt sich relativ gut abschätzen bei der Wahl von Zertifikaten, die als Basisobjekt einen Index aus entwickelten Märkten, wie beispielsweise dem DAX, verbriefen. Anders sieht es jedoch bei

Emerging Markets aus, beispielsweise bei den Indizes aus Ländern wie China oder Russland. Hier ist die Volatilität ungleich höher als in den entwickelten Ländern. Aktien unterliegen hier häufig aufgrund fehlender Liquidität und fehlender Transparenz nicht selten hohen und sehr schwer kalkulierbaren Kursschwankungen. Und genau diese Kursschwankungen schlagen voll auf den Zertifikatekurs durch.

Neben den Risiken, die sich aus dem Kursrisiko der Basisobjekte ergeben, existiert unter Umständen noch ein Währungsrisiko, welches Auswirkungen auf den Kurs des Zertifikats haben kann. Dieses Risiko kommt immer dann zum Tragen, wenn das Zertifikat als Rückzahlungswährung eine Fremdwährung wählt. Dies ist beispielsweise bei Zertifikaten auf den amerikanischen Aktienindex der Fall. Beim Kauf solch eines Zertifikates kann nicht vorhergesagt werden, wie sich die Fremdwährung in Bezug zur Heimatwährung entwickelt. Es besteht die Möglichkeit, Währungsverluste, aber auch Währungsgewinne zu generieren. Ein solches Investment birgt daher sowohl Chancen als auch Risiken.

Das Währungskursrisiko kann daher einen erheblichen Einfluss auf die Rückzahlungshöhe des Zertifikates ausüben. Aber es gibt auch Ausnahmen. Wenn ein Anleger auf amerikanische Indizes wie den Dow Jones oder den S&P500 setzen will, so kann er beispielsweise auf so genannte Quanto-Zertifikate zurückgreifen. Bei dieser Zertifikatesonderform wird der Indexstand des jeweiligen Index 1:1 in Euro abgebildet. Steht der Dow Jones bei 10 000 Punkten, so hat das Zertifikat einen Wert von 10 000 Euro, vorausgesetzt, das Bezugsverhältnis beträgt 1. Steigt der Dow Jones auf 11 000 Punkte, so steigt auch der Kurs des Zertifikats auf 11 000 Euro. Das Währungskursrisiko lässt sich also in diesem Fall vollständig eliminieren.

Konkursrisiko des Emittenten

Anleger in Zertifikaten müssen neben dem Kursrisiko auch auf die Bonität des Zertifikateemittenten achten, denn Zertifikate sind rein rechtlich nicht mit Aktien oder Investmentfonds gleichzusetzen, sondern mit Inhaberschuldverschreibungen. Der Emittent verspricht dem Anleger am Laufzeitende eine Geldzahlung entsprechend den jeweiligen Zertifikatebedingungen. Ob ein Anleger am Laufzeitende tatsächlich eine Geldzahlung erhält, hängt von der Zahlungsfähigkeit des Emittenten ab. Was nützt es einem Anleger, hohe Buchgewinne erzielen zu können, wenn der Emittent zum Zeitpunkt der Rückzahlung seinen Verpflichtungen nicht nachkommen kann?

Anleger sollten daher darauf achten, nur Zertifikate von Anlegern guter Bonität zu erwerben.

Dieses Risiko besteht jedoch nicht nur am Laufzeitende. Zertifikate können bekanntlich jederzeit über die Börse ge- und verkauft werden. Sollte es während der Laufzeit zu einer Verschlechterung der Bonität des Emittenten kommen, die sich etwa durch eine Abstufung der Bonitätsbewertung von Ratingagenturen ablesen lässt, kann es unter Umständen zu Kursverlusten im Zertifikatepreis kommen, da die Rückzahlung nun weniger wahrscheinlich ist.

Einige Anleger könnten argumentieren, dass sie Zertifikate nur von Emittenten wie zum Beispiel der deutschen Bank erwerben, die bekanntlich dem Einlagensicherungsfonds angehören. Demnach würde das Bonitätsrisiko keine Rolle spielen, da im Konkursfall der Einlagensicherungsfonds für die Schäden aufkommt. Diese Argumentation ist jedoch leider nicht korrekt. Der Einlagensicherungsfonds umfasst ausdrücklich nicht die Haftung für Inhaberschuldverschreibungen. Und gerade diese werden durch die Zertifikate rein rechtlich abgebildet. Das heißt, im Konkursfall ist der Einlagensicherungsfonds nicht zuständig, und Zertifikateanleger erleiden unter Umständen einen Totalverlust ihrer Anlagen.

Praxis-Tipp:

Es ist immer vorteilhaft, vor dem Kauf eines Zertifikats die Bonität des Emittenten zu überprüfen. Als geeignetes Hilfsmittel lässt sich die Bonitätseinstufung der zahlreichen Ratingagenturen heranziehen. Die bekanntesten dürften Moody's und S&P sein.

Im Folgenden ist eine Tabelle abgebildet, die die einzelnen Ratings dieser beiden Agenturen gegenüberstellt und die Ratingsymbole entschlüsselt.

S&P	Moody's	Beschreibung	Investmentgrad
AAA	Aaa	Emittent höchster Qualität. Die Zertifikate sind relativ risikolos für den Anleger. Der Emittent besitzt vollständige Zuverlässigkeit.	ja
AA	Aa	Emittent hoher Qualität. Die Zertifikate sind nicht ganz so sicher wie bei einem AAA Rating, insbesondere auf langfristige Sicht.	ja

A	A	Der Emittent befindet sich in der oberen Mittelklasse der Qualität. Es sind viele Gründe erkennbar, die auf eine hohe Bonität schließen, allerdings sind Verschlechterungen der Bonität in der Zukunft nicht auszuschließen.	ja
BBB	Baa	Emittent mittlerer Qualität. Auf kurze Sicht ist seine Zahlungsfähigkeit zwar gesichert, bestimmte Gütekriterien, die eine hohe Bonität signalisieren, sind jedoch nicht vorhanden.	ja
BB	Ba	Die künftige Zahlungsfähigkeit des Emittenten ist nicht unbedingt gesichert. Der Kauf von Zertifikaten eines solchen Emittenten beinhaltet einige spekulative Komponenten.	ja
B	B	Der Emittent ist zwar in der Lage, gegenwärtig seinen Zahlungsverpflichtungen nachzukommen, auf längere Sicht besteht jedoch das Risiko des Zahlungsausfalls.	ja
CCC	Caa	Emittent minderer Qualität. Es besteht die Gefahr eines Zahlungsausfalls in naher Zukunft.	nein
CC	Ca	Emittent schlechter Qualität. Es besteht unter Umständen bereits ein Zahlungsverzug.	nein
C	C	Emittent sehr schlechter Güte. Für Schuldner des Emittenten bestehen relativ schlechte Aussichten, dass den Zahlungsverpflichtungen pflichtgemäß nachgekommen wird.	nein
D		Der Emittent ist zahlungsunfähig	nein

Die Ratingagenturen analysieren Unternehmen und überprüfen deren Zahlungsverhalten in der Vergangenheit. Zusätzlich werden komplexe Modelle eingesetzt, die die Prognostizierung zukünftiger Zahlungsfähigkeit erlauben. Dabei wird unter anderem untersucht, ob die Unternehmen in der Zukunft überhaupt genügend Erträge erwirtschaften, um ihren Verpflichtungen in Form von Schulden und Zahlungsverpflichtungen ausreichend nachzukommen.

Entsprechend dieser Einschätzung verteilen die Ratingagenturen sehr gute, gute oder schlechte Noten. So verleiht beispielsweise Standard & Poor's (S&P) die Note „AAA" für die höchste Qualität: Das Risiko eines Zahlungsausfalls ist außerordentlich gering, d. h., der Emittent besitzt eine absolute Zuverlässigkeit bezüglich seiner Zahlungsverpflichtungen.

Entsprechend diesem Bewertungssystem werden nun Abstufungen vorgenommen, die die Bonitätseinschätzungen widerspiegeln. Bei einem Rating von „BBB“ handelt es sich beispielsweise um Emittenten mittlerer Qualität. Auf kurze Sicht ist die Zahlungsfähigkeit zwar gesichert, bestimmte Gütekriterien, die eine hohe Bonität signalisieren, sind jedoch nicht vorhanden. Das bedeutet, dass der Kauf von Zertifikaten mit kurzer Restlaufzeit von diesem Emittenten relativ risikolos ist. Um Zertifikate mit langer Restlaufzeit sollte man jedoch auf jeden Fall einen großen Bogen machen, da die Gefahr einer Zahlungsunfähigkeit des Emittenten nicht auszuschließen ist.

Die Ratings werden natürlich von Zeit zu Zeit den sich ändernden Bedingungen angepasst. Interessant ist es daher, mit welcher Wahrscheinlichkeit sich die Bonität in Zukunft zum Negativen verändern könnte. So ist zum Beispiel die Wahrscheinlichkeit, dass ein Emittent mit „AAA“ Rating innerhalb eines Jahres zahlungsunfähig wird und auf „D“ herabgestuft wird, gleich null. Die Wahrscheinlichkeiten sind individuell und werden ständig aktualisiert und sind über die Ratingagenturen zu beziehen.

Zusätzlich zum Bonitätsrisiko geht der Anleger in gewisser Hinsicht auch ein Rechtsrisiko ein. Gerade bei ausländischen Emittenten ist der Gerichtsstand im Ausland angesiedelt. Bei Streitigkeiten, die einer gerichtlichen Klärung bedürfen, ist kein deutsches, sondern ein ausländisches Gericht zuständig. Und gerade in so einem Fall lassen sich die Erfolgsaussichten schwer abschätzen. Auch ist es schwierig, von Deutschland aus einen geeigneten Rechtsbeistand zu finden, der die Anlegerinteressen im Ausland wahrnimmt. Zudem existiert in diesem Fall auch ein erhebliches Kostenrisiko bei einer Klage im Ausland. Es ist daher unter diesem Gesichtspunkt am vorteilhaftesten, einen Emittenten aus seinem Heimatland zu wählen.

Jedoch sollte man das so genannte Rechtsrisiko nicht überbewerten, da gerade ausländische Emittenten viele interessante Zertifikatekonstruktionen anbieten und eine Beschränkung auf nationale Emittenten die Wahlfreiheit stark einschränkt. Zudem werden im Fall der Fälle die wenigsten das erhebliche Kostenrisiko eines Rechtsstreits eingehen. Daher ist das Rechtsrisiko meist nur von rein theoretischer Natur und tatsächlich nur für Anleger von Bedeutung, die größere Summen anlegen wollen und den Willen sowie die Finanzkraft besitzen, einen längeren Rechtsstreit durchzuführen.

Spreadrisiko

Zertifikate müssen bekanntlich nicht bis zum Laufzeitende gehalten werden, sondern können in der Regel jederzeit an den Emittenten zurückgegeben werden. Dazu werden vom Emittenten ständig An-

und Verkaufskurse berechnet. Zwischen den An- und Verkaufskursen besteht jedoch eine Differenz, und genau diese Differenz zwischen den so genannten Geld- und Briefkursen wird als Spread bezeichnet.

Die Höhe des Spreads kann vom Emittenten mehr oder weniger nach Belieben festgesetzt werden. Weiterhin spielt auch die Schwankungsbreite des zugrunde liegenden Basisobjekts, die „Volatilität", eine Rolle. Der Spread ist umso höher, je größer die Volatilität ist. So ist beispielsweise der Spread eines Zertifikats auf den russischen Aktienindex höher als auf den deutschen Aktienindex DAX.

Anleger sollten sich bei einer Zertifikatetransaktion darüber im Klaren sein, dass sie aufgrund des Spreads möglicherweise finanzielle Einbußen erleiden, wenn Zertifikate vor ihrem Laufzeitende zurückgegeben werden.

Einige Emittenten wollen zudem durch die künstliche Ausweitung des Spreads verhindern, dass Anleger vorzeitig aussteigen. Ein beliebtes Mittel ist, den Spread in der ersten Zeit nach der Emission sehr niedrig zu halten, um die Anleger in Sicherheit zu wiegen und sie von einem Investment in das Zertifikat zu überzeugen. Später, nachdem ein paar Wochen oder Monate vergangen sind, wird der Spread dann vom Emittenten mehr oder weniger stark erhöht. Anleger sitzen dann in der Falle, wenn sie gerade dann ihr Zertifikat zurückgeben wollen. Es ist daher vorteilhaft, die Spreadausweitung bei den Emittenten vor dem Kauf zu untersuchen. Am besten schaut man sich dazu die Spreads der schon von dem jeweiligen Emittenten emittierten Zertifikate an.

Praxis-Tipp:

Sollte ein Emittent die Spreadausweitung bei seinen Zertifikaten, die er schon seit ein paar Jahren emittiert hat, maßlos vorgenommen haben, so ist in Zukunft zu erwarten, dass er dieses Vorgehen auch bei neuen Zertifikaten anwendet. Anleger sollten dies immer bei der Zertifikateauswahl berücksichtigen, wenn sie vorhaben, Zertifikate nicht bis zum Laufzeitende zu halten.

Wie sich eine solche Spreadausweitung auswirken kann, wird in folgendem Beispiel deutlich.

Beispiel:

Ein Anleger kauft beispielsweise ein Zertifikat auf den Eurostoxx 50. Angenommen, der Eurostoxx würde derzeit bei 2 700 Punkten stehen und das Zertifikat hätte ein Bezugsverhältnis von

1:10, dann wäre der rechnerische Wert des Zertifikats genau 270 Euro. Bei einer anfänglichen Spreadhöhe von 10 Punkten würde die Geld/Brief-Quotierung folgendermaßen aussehen:

269,50 Euro zu 270,50 Euro (Verkaufskurs zu Kaufkurs)

Der Anleger müsste also bei einem Kauf des Zertifikats 270,50 Euro bezahlen und würde bei einem Verkauf zum gleichen Zeitpunkt nur noch 269,50 Euro erhalten. Anders sieht die Rechnung aus, wenn der Emittent nach einiger Zeit die Spreadspanne auf beispielsweise 30 Punkte erhöhen würde. Dann ergäbe sich folgende Geld/Brief-Quotierung:

268,50 Euro zu 271,50 Euro

Wenn der Anleger nun das Zertifikat zurückgeben möchte, erhält er nur noch 268,50 Euro. Wie man sieht, wirkt sich die Spreadausweitung spürbar negativ auf einen vorzeitigen Verkauf aus. Anleger sollten Zertifikate von Emittenten meiden, die in der Vergangenheit solche Spreadausweitungen praktiziert haben.

Preisfeststellungsrisiko

Wie im vorherigen Abschnitt dargelegt, bekommt der Anleger bei einem vorzeitigen Verkauf des Zertifikats in der Regel nicht den wahren Gegenwert, sondern weniger. Aber nicht nur der Spread spielt eine Rolle, sondern auch das Preisfeststellungsrisiko.

Bei „normalen" Zertifikaten, wie bei dem besprochenen Eurostoxx-Zertifikat, ist die Preisfeststellung noch überschaubar und selbst für einen Laien durch simplen Vergleich des Indexstandes mit dem Zertifikatekurs kontrollierbar. Anders sieht es bei den zurzeit in Mode gekommenen Themen- und Strategie-Zertifikaten aus. Aufgrund der bei diesen Produkten undurchschaubaren Konstruktionen können die Emittenten den Preis der Zertifikate unangemessen und zuungunsten des Anlegers feststellen, um so ihren Profit zu maximieren. Dies ist deshalb möglich, weil selbst Profis einen Vergleichskurs nur sehr schwer ermitteln können. Damit lässt sich in der Regel nicht feststellen, ob der gerade festgestellte Kurs tatsächlich dem Gegenwert des Zertifikats entspricht oder nicht.

Bei dem im vorhergehenden Abschnitt betrachteten Eurostoxx-Zertifikat ist es einfach, einen fehlerhaften Kurs zu erkennen. Kein Anleger würde ein Eurostoxx-Zertifikat für 260 Euro verkaufen, wenn der

Index bei 2 700 steht und das Bezugsverhältnis bei 1:10 liegt. Bei modernen Zertifikatekonstruktionen fehlt diese Kontrollmöglichkeit.

Besonders stark sind diese unangemessenen Preisfeststellungen bei Zertifikaten anzutreffen, die als Basisobjekt eigene, von den Emittenten entwickelte Indizes verwenden. Es wird, anders als bei Standardindizes wie dem DAX, der Indexstand nicht von einer neutralen, unabhängigen Stelle vorgenommen, sondern von den Emittenten selbst. Häufig ist es sogar so, dass außer dem Emittenten selbst niemand weiß, wie der Bezugsindex aufgebaut und berechnet wird. Sehr häufig wird auch der jeweilige Stand des selbst entwickelten Index nicht veröffentlicht oder ist unzugänglich. Die Gefahr, dass hier Manipulationen vorgenommen werden, ist in Ermangelung der Möglichkeiten der Aufdeckung dieser Praktiken sehr hoch.

Zusammenfassend lässt sich daher feststellen, dass ein Anleger bei der Auswahl eines nicht standardkonformen Zertifikats auf einen Index immer in gewisser Weise ein Preisfeststellungsrisiko eingeht. Anleger sollten sich dieser Gefahr immer bewusst sein.

Endfälligkeitsrisiko

Ein weiteres, bei vielen Anlegern unbekanntes Risiko geht aus der Endfälligkeit des Zertifikats am Laufzeitende hervor. Anleger bekommen zu diesem Zeitpunkt das Geld vom Emittenten ausgezahlt, unabhängig davon, ob der Anleger derzeit im Gewinn oder im Verlust ist. Der Zertifikateanleger hat im Verlustfall keine Möglichkeit, den Verlust einfach auszusitzen, sondern befindet sich zu diesem Zeitpunkt quasi im Zugzwang.

Will er die Verluste tatsächlich aussitzen, weil vielleicht derzeit eine Baissephase an der Börse herrscht, so ist er darauf angewiesen, den erhaltenen Geldbetrag wieder zu reinvestieren. Dies funktioniert jedoch nur, wenn es vergleichbare Anlagemöglichkeiten gibt. Häufig gibt es jedoch zum Zeitpunkt des Laufzeitendes kein Ersatzzertifikat, welches gleiche oder ähnliche Konstruktionen aufweist. Viele Anleger mussten so beispielsweise zusehen, wie ein Zertifikat, welches die Kursentwicklung von Glasfaser-Hightech-Unternehmen abbildete, gerade zum Zeitpunkt der Tiefstkurse im Jahre 2002 auslief und es keine angemessenen Reinvestitionsmöglichkeiten gab. Von dem im Anschluss daran stattfindenden rasanten Kursaufschwung konnten diese Anleger somit mangels Investitionsmöglichkeiten nicht partizipieren.

Sollte ein Anleger tatsächlich doch noch bei einem anderen Emittenten ein vergleichbares Produkt finden, sind immer noch Transaktionsgebühren zu entrichten. Zusätzlich dazu kommt die schon angesprochene Geld/Brief-Spanne zum Tragen. Weiterhin ist steuerlich zu berücksichtigen, dass auch die Spekulationsfrist von neuem beginnt.

Praxis-Tipp:

Anleger sollten immer das Laufzeitende im Auge behalten und frühzeitig Alternativinvestments identifizieren, in die dann gegebenenfalls reinvestiert werden kann.

Besteuerungsrisiko

Zertifikateanleger haben genauso wie Anleger, die in Aktien oder Fonds investieren, ein Besteuerungsrisiko. Nach der zurzeit geltenden Rechtsprechung müssen alle Erträge, die innerhalb der Spekulationsfrist anfallen und über der Freigrenze liegen, mit dem persönlichen Steuersatz versteuert werden. Es empfiehlt sich daher, Zertifikate grundsätzlich länger als die Spekulationsfrist zu behalten.

Es ergeben sich bei Zertifikaten einige Vorteile gegenüber dem Investment in Aktien oder Fonds. Bei bestimmten Zertifikaten, die etwa auf Performanceindizes basieren, gibt es steuerliche Vorteile. Üblicherweise müssen Dividendenerträge versteuert werden. Bei Zertifikaten auf Performanceindizes gibt es jedoch keine Dividendenausschüttungen. Stattdessen werden die Dividenden in den Kurs des Zertifikats eingerechnet. Der Anleger kann somit die steuerpflichtigen Dividenden in steuerfreie Kursgewinne umwandeln.

Besonders interessant ist dies auch bei Zertifikaten, die eine Dividendenstrategie umsetzen. Auch hier lassen sich die Dividenden steuerfrei einstreichen. Aber Vorsicht, nicht alle Zertifikate erfüllen die Anforderungen an die Steuerfreiheit. Ausgenommen von der Steuerfreiheit sind hier grundsätzlich so genannte Finanzinnovationen, die beispielsweise eine Garantiekomponente enthalten. Da hier der Anleger durch die Garantiekomponente quasi kein Risiko eingeht, handelt es sich eben bei den Kursgewinnen auch nicht um Gewinne, die aus einer Spekulation hervorgingen, sondern um steuerpflichtige Erträge.

Wie es sich bei den einzelnen Zertifikaten verhält, kann aus dem jeweiligen Emissionsprospekt, welcher bei den Emittenten meist kostenlos angefordert werden kann, entnommen werden.

Es ist sehr zu empfehlen, den Emissionsprospekt bezüglich der Steuerbehandlung vor dem Kauf eingehend zu prüfen. Aber auch dieses Vorgehen bewahrt einen Anleger nicht vor bösen Überraschungen. Steuerliche Regelungen können sich sehr schnell ändern.

Ein bis dato steuerfreies Zertifikat kann so unter Umständen steuerpflichtig werden. Ein Anleger sollte ständig die derzeitige Auffassung über die steuerliche Behandlung der von ihm erworbenen Zertifikate überwachen. Eine Hilfestellung gibt es in der Regel von den Emittenten.

Ganz besonders hoch ist das Risiko bei neuen Produkten, für die noch nicht endgültig geklärt ist, wie Erträge steuerlich zu behandeln sind. Solche neuen Produkte werden oft durch bestehende Regelungen nicht erfasst.

Erkennen kann ein Anleger diese Gefahr im Emissionsprospekt durch Sätze wie „… Nach derzeitiger Auffassung sind die Erträge nach Ablauf der Spekulationsfrist steuerfrei. …"

Die Gefahr besteht gerade darin, dass sich die „derzeitige Auffassung" ändert und der Anleger in die Steuerfalle tappt. Anleger können erst dann auf Nummer sicher gehen, wenn die Finanzverwaltungen endgültige Entscheidungen getroffen haben.

Managementrisiko

Eine weitere zu beachtende Risikoform, die von vielen Zertifikateanlegern oft nicht wahrgenommen wird, ist das so genannte Managementrisiko. Es tritt immer dann auf, wenn Anleger finanzielle Nachteile erleiden aufgrund dessen, dass Emittenten Basisobjekte selbst kreieren, anstatt Standardindizes zu verwenden. Zu dieser Gruppe von Zertifikaten zählen beispielsweise so genannte Top-Dividenden-Zertifikate einer großen deutschen Bank. Als Basisobjekt wurde ein Korb aus 10 besonders dividendenstarken Aktien des DAX gewählt. Die Zusammensetzung wird vom Emittenten quasi wie ein Management regelmäßig überprüft und bei Bedarf angepasst. Mit dieser Strategie sollten höhere Renditen erzielbar sein als mit einem Zertifikat auf den DAX, weil sich, so zumindest die Auffassung des Emittenten, diese dividendenstarken Aktien in der Vergangenheit besser entwickelten als der DAX. Dazu muss der Emittent aber gerade die Aktien heraussuchen, die nach diesem Kriterium besonders gut abschneiden.

Die Annahme, die dieser Investmentidee zugrunde liegt, ist die, dass Aktien, die in der Vergangenheit erfolgreich waren, auch in der Zukunft besser abschneiden werden. Diese Hypothese muss jedoch nicht eintreffen. Vielmehr kann sich diese Annahme auch als falsch herausstellen, was mit einem finanziellen Nachteil für den Anleger verbunden wäre.

Der Zertifikateanleger vertraut zum einen auf das Geschick der Manager, wirklich die dividendenstärksten Aktien zu identifizieren, und zum anderen darauf, dass sich die Entwicklung der Vergangenheit auch auf die Zukunft übertragen lässt. Die Anleger gehen daher ein Managementrisiko ein. Zusätzlich dazu ist im Gegensatz zu Investmentfonds der oder die Manager namentlich in der Regel nicht bekannt. Ein Anleger kann somit nicht verifizieren, ob der betreuende Manager die notwendige fachliche Qualifikation besitzt und sorgfältig genug handelt.

Anleger können dieses Managementrisiko umgehen, indem sie nur Zertifikate auf Standardindizes erwerben, die von anerkannten, unparteiischen und unabhängigen Stellen ermittelt werden. Lediglich dann ist gewährleistet, dass sich ein Zertifikat entsprechend der Marktentwicklung bewegt und nicht vom Ermessen möglicherweise unfähiger Manager abhängig ist.

Knock-out-Risiko

Bei einigen Zertifikatekonstruktionen kommt neben den in den vorhergehenden Abschnitten dargelegten Risiken auch noch ein so genanntes Knock-out-Risiko hinzu. Betroffen hiervon sind beispielsweise Turbo-Zertifikate, Bull- oder Bär-Zertifikate, die bei Erreichen einer vorher definierten Barriere wertlos werden. Der Anleger kann also innerhalb kürzester Zeit einen Totalverlust erleiden, wenn sich die Kursentwicklung des Basiswertes entgegen seiner Spekulation bewegt. Ist die Barriere, oder besser der Knock-out-Kurs, erreicht, ist das Zertifikat wertlos, unabhängig davon, ob die Knock-out-Schwelle auch nur für den Bruchteil einer Sekunde unter- bzw. überschritten wurde und der Kurs danach vielleicht sogar wieder steigt.

Praxis-Tipp:

Die Chance auf eine Kurserholung oder aber ein Aussitzen der Verluste ist bei diesen Zertifikatekonstruktionen nicht möglich. Anleger sollten daher beim Kauf solcher Zertifikate die Knock-out-Schwelle peinlichst genau beobachten und rechtzeitig mittels entsprechender Transaktionen gegensteuern.

Bewertung von Zertifikaten mittels Kennziffern

4

Bewertung mittels Kennziffern

Im Gegensatz zur Bewertung von Aktien gibt es für die Bewertung von Zertifikaten relativ wenige geeignete Kennziffern. Im Allgemeinen lassen sich unter anderem folgende Kennziffern von Zertifikaten identifizieren:

- Transaktionskostenmove
- Spread-Move
- Break Even
- Standardabweichung
- Volatilität
- Sharpe-Ratio

Diese Kennziffern werden immer dann herangezogen, wenn man Aussagen zum Für und Wider eines Zertifikats treffen möchte. Die Liste der Kennziffern ist nicht vollständig; jedoch zählen die genannten zu den wichtigsten. Im Folgenden sollen diese Kennziffern näher betrachtet werden.

Transaktionskostenmove

Der Transaktionskostenmove (TKM) wird immer dann herangezogen, wenn man ermitteln möchte, wie stark sich das dem Zertifikat zugrunde liegende Basisobjekt in die eine oder andere Richtung verändern muss, damit der Anleger aufgrund der entstandenen Transaktionskosten keinen Verlust erwirtschaftet.

Transaktionskosten fallen im Normalfall bei jedem Kauf und Verkauf an und können je nach Höhe die erzielbare Rendite für den Anleger verringern. Diese Kosten setzen sich in der Regel aus Provisionen der Banken, Maklercourtage und gegebenenfalls einer börsenplatzabhängigen Gebühr zusammen. Der TKM ermittelt nun, welche Kursveränderung des Basisobjekts in die eine oder andere Richtung notwendig ist, um die Transaktionskosten wieder zu erwirtschaften.

Der TKM lässt sich mittels folgender einfacher Formel bestimmen:

$$\text{TKM} = \frac{\text{Kosten}}{\text{Bezugsverhältnis}} * \frac{1}{\text{Anzahl der Zertifikate}}$$

Beispiel:

Bei einem Eurostoxx-Zertifikat mit dem Bezugsverhältnis von 1:10 (0,1) entspricht der Kurs des Zertifikats 270 Euro bei einem Indexstand von 2700 Punkten. Weiterhin sei angenommen, dass die Hausbank des Anlegers für den Kauf von zehn Zertifikaten eine Gebühr von insgesamt 20 Euro verlangt.

Daraus lässt sich der TKM folgendermaßen berechnen:

$$\text{TKM} = \frac{\text{Kosten}}{\text{Bezugsverhältnis}} * \frac{1}{\text{Anzahl der Zertifikate}} = \frac{20}{0{,}1} * \frac{1}{10} = 20 \text{ Punkte}$$

Demnach ist ein Kursanstieg des Eurostoxx von 20 Punkten notwendig, um die Transaktionskosten zu kompensieren, denn durch diesen Anstieg erhöht sich der Wert des Zertifikats genau um die bezahlten Transaktionskosten.

Praxis-Tipp:

Je niedriger der Transaktionskostenmove ist, desto schneller kann ein Anleger Gewinne verbuchen.

Spread-Move

Beim Spread-Move wird ermittelt, wie stark sich das Basisobjekt in die eine oder andere Richtung verändern muss, damit der Anleger aufgrund der vorhandenen Geld/Briefspanne, also der Differenz zwischen An- und Verkaufskursen, keinen Verlust erwirtschaftet.

Zertifikate können zwar jederzeit verkauft werden, dabei muss der Käufer immer einen höheren Preis zahlen, als der Verkäufer bekommt. Dieser Spread kann vom Emittenten mehr oder weniger stark ausgeweitet werden, so dass unter Umständen hohe Unterschiede auftreten können. Das heißt, ein Anleger, der ein Zertifikat kauft und sofort wieder verkauft, macht einen Verlust, vorausgesetzt, das Basisobjekt bleibt konstant.

Um nun zu ermitteln, wie stark beispielsweise ein Index steigen muss, damit die Spreadspanne ausgeglichen werden kann, kann man folgende Formel heranziehen:

$$\text{Spread-Move} = \frac{\text{Spread}}{\text{Bezugsverhältnis}}$$

Bei einem Index-Zertifikat auf den Eurostoxx mit einem Bezugsverhältnis von 1:10 (0,1) kann man den Spread-Move unter Berücksichtigung folgender Annahmen berechnen:

Indexstand = 2 700 Punkte

Geld/Brief = 269,50 Euro/270,50 Euro

Demnach würde der absolute Spread genau einen Euro betragen (Differenz aus Geld- und Briefkurs).

Daraus lässt sich nun der Spread-Move folgendermaßen ermitteln:

$$\text{Spread-Move} = \frac{\text{Spread}}{\text{Bezugsverhältnis}} = \frac{\text{1 Euro}}{0{,}1} = \text{10 Eurostoxx Punkte}$$

Der Eurostoxx muss also um zehn Punkte steigen, damit der Spread kompensiert werden kann und der Anleger keinen Verlust verkraften muss.

Dieser Spread-Move ist jedoch nur dann so zu berechnen, wenn der Anleger vorhat, das Zertifikat nicht bis zum Laufzeitende zu behalten. Hat er dagegen vor, das Zertifikat bis zum Endpunkt der Laufzeit zu halten, muss er berücksichtigen, dass Emittenten in der Regel zu diesem Zeitpunkt keinen Spread mehr berechnen, sondern den regulären Wert des dem Zertifikats zugrunde liegenden Index ohne Abzüge auszahlen. Das heißt, bei der Rückgabe am Laufzeitende fällt kein Spread an, die oben aufgeführte Formel muss daher leicht verändert werden:

$$\text{Spread-Move} = \frac{1}{2} * \frac{\text{Spread}}{\text{Bezugsverhältnis}}$$

Bezug nehmend auf obiges Beispiel würde sich dann der Spread-Move folgendermaßen berechnen lassen:

$$\text{Spread-Move} = \frac{1}{2} * \frac{1\ \text{Euro}}{0{,}1} = 5\ \text{Eurostoxx Punkte}$$

In diesem Fall reicht es also aus, wenn der Eurostoxx bis zum Laufzeitende lediglich um fünf Punkte steigt, damit der Anleger keinen Verlust erleidet. Je höher die Differenz zwischen Kauf- und Verkaufskurs ist, desto höher muss das dem Zertifikat zugrunde liegende Basisobjekt steigen, damit ein Anleger die Spreadkosten kompensieren kann.

Einen Sonderfall bilden hier so genannte Bär- oder Turbo-Bär-Zertifikate: Der Kurs des Zertifikats steigt, wenn das Basisobjekt fällt. Daher muss ein Basisobjekt in diesem Fall um den mit dem Spread-Move ermittelten Punktwert fallen, damit der Anleger keinen Verlust erwirtschaftet.

Break-Even-Kurs

Der Break-Even-Kurs wird immer dann herangezogen, wenn man ermitteln möchte, wie stark ein dem Zertifikat zugrunde liegendes Basisobjekt seine Richtung ändern muss, damit sowohl die Transaktionskosten als auch der Spread kompensiert werden und der Anleger keinen Verlust erleidet.

Der Break-Even-Kurs ist also genau der Kurs, bei dem der Anleger in die Gewinnzone eintritt. Daher bezeichnet man ihn auch als Gewinnschwelle. Der Break-Even-Kurs lässt sich mittels folgender Formel berechnen:

$$\text{Break-Even-Kurs} = \text{Indexstand bei Kauf} + \text{Spreadmove} + \text{TKM}$$

Unter Heranziehung der beiden vorherigen Abschnitte dieses Buches kann man für ein Zertifikat auf den Eurostoxx folgende Beispielrechnung vornehmen:

Der Anleger kauft zehn Zertifikate mit einem Bezugsverhältnis von 1:10 (0,1) auf den Eurostoxx. Der Indexstand betrage 2 700 Punkte, der Spread beträgt einen Euro und die Kosten für den Kauf betragen 20 Euro. Demnach berechnet sich der Break-Even-Kurs folgendermaßen:

$$\text{Break-Even-Kurs} = \underset{\uparrow\atop\text{Indexstand}}{2700} + \left(\frac{20}{0{,}1} \underset{\uparrow\atop\text{TKM}}{*} \frac{1}{10}\right) + \underset{\uparrow\atop\text{Spread-Move}}{\left(\frac{1}{0{,}1}\right)} = 2730$$

Demnach beträgt der Break-Even-Kurs 2730 Punkte. Erst wenn der Eurostoxx um 30 Punkte auf 2730 Punkte steigt, kann der Anleger einen Gewinn verbuchen. Auch diese Berechnung berücksichtigt nur den Fall, dass das Zertifikat vorzeitig verkauft wird. Wird das Zertifikat hingegen bis zum Laufzeitende gehalten, muss die Berechnung diesem Sachverhalt angepasst werden. Demnach berechnet sich der Break-Even-Kurs am Laufzeitende folgendermaßen:

$$\text{Break-Even-Kurs} = \text{Indexstand bei Kauf} + 0{,}5 * \text{Spreadmove} + \text{TKM}$$

Für unser Beispiel ergibt sich demnach:

$$\text{Break-Even-Kurs} = \underset{\uparrow\atop\text{Indexstand}}{2700} + \left(\frac{20}{0{,}1} \underset{\uparrow\atop\text{TKM}}{*} \frac{1}{10}\right) + \frac{1}{2} * \underset{\uparrow\atop\text{Spread-Move}}{\left(\frac{1}{0{,}1}\right)} = 2725$$

Damit ein Anleger also am Laufzeitende keinen Verlust erleidet, muss der Eurostoxx in diesem Beispiel von 2700 auf mindestens 2725 Punkte steigen.

Standardabweichung

Dadurch, dass Zertifikate den Kursverlauf von unterschiedlichsten Basisobjekten abbilden, schwanken auch die Kurse der Zertifikate. Jedes Jahr lässt sich so die erzielbare Rendite bestimmen. Da die Rendite in einem Jahr höher und im anderen Jahr niedriger ist, ist es interessant zu erfahren, wie stark die Renditen im Laufe der Jahre schwanken. Hieraus kann man eine Aussage über die zukünftige Schwankungsanfälligkeit der Rendite treffen.

Um dieses Ziel zu erreichen, bietet sich die Standardabweichung an. Sie sagt aus, wie stark die einzelnen Renditen im Durchschnitt von ihrem Mittelwert abweichen. Dabei werden sowohl Abweichungen nach oben als auch nach unten erfasst. Analysen haben ergeben, dass ca. Zweidrittel aller Renditen innerhalb der durch die Standardabweichung ermittelten Bandbreite liegen. Das heißt mit Hilfe der Standardabweichung kann man mit einer Wahrscheinlichkeit von Zweidrittel voraussagen, dass die zukünftige Rendite innerhalb des ermittelten Renditekorridors liegt.

Aber wie berechnet sich nun die Standardabweichung?

Nehmen wir an, das Zertifikat weist folgende Jahresrenditen auf:

Jahr	Rendite in Prozent
1999	20
2000	10
2001	1
2002	–14
2003	3
2004	10

Daraus ist als Erstes der Mittelwert zu bestimmen. Dazu werden alle Renditen aufaddiert und durch die Anzahl der Renditen dividiert.

$$\text{Mittelwert} = \frac{20 + 10 + 1 + (-14) + 3 + 10}{6} = \frac{30}{6} = 5$$

Im Mittel brachte das Zertifikat also eine Rendite von 5 Prozent.

Im zweiten Schritt wird die Quadrierung der Abweichungen vom Mittelwert vorgenommen. Dazu wird jeweils die Differenz aus der jeweiligen Rendite und dem Mittelwert errechnet und anschließend quadriert.

Quadrierte Abweichung vom Mittelwert	Ergebnis
$(20–5)^2$	225
$(10–5)^2$	25
$(1–5)^2$	16
$(–14–5)^2$	361
$(3–5)^2$	4
$(10–5)^2$	25

Im dritten Schritt wird der Mittelwert der quadrierten Abweichungen ermittelt. Dazu wird die Summe der errechneten quadrierten Abweichungen durch die Anzahl der Renditen dividiert:

$$\frac{225 + 25 + 16 + 361 + 4 + 25}{6} = \frac{656}{6} = 109{,}33$$

Im letzen Schritt wird aus dem eben errechneten Ergebnis die Quadratwurzel gezogen:

$$\text{Std.} - \text{Abweichung} = \sqrt{109{,}33} = 10{,}46\ \%$$

Der Wert von 10,46 Prozent verdeutlicht nun, dass die Renditen des Zertifikats in den vergangenen sechs Jahren um ihren Mittelwert um insgesamt 10,62 Prozent schwankten.

Standardabweichung

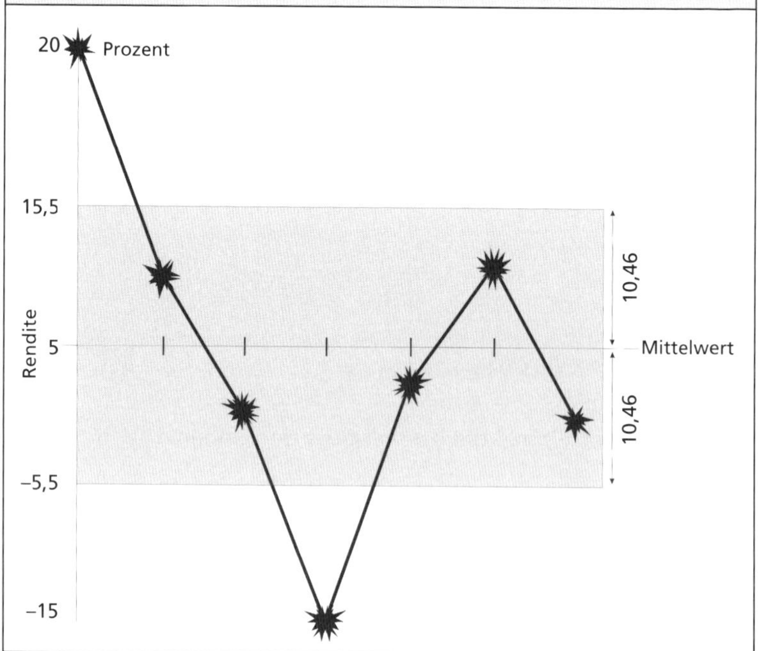

Wie man aus der vorhergehenden Abbildung unschwer erkennen kann, liegen die Renditen des Zertifikats meistens im Korridor der ermittelten Standardabweichung. Somit kann man sich vor dem Kauf des Zertifikats ein Bild von dem zu erwartenden Rendite/Risikoprofil machen und ist vor unliebsamen Überraschungen sicher. Der Zertifikatekäufer weiß jetzt, dass in dem besprochenen Beispiel ein Investment durchschnittlich eine Rendite von 5 Prozent einbringt. Er weiß aber auch, dass die Rendite des Zertifikats in einem Jahr mit einer Wahrscheinlichkeit von Zweidritteln innerhalb des errechneten Renditekorridors schwanken kann. Er kann daher damit rechnen, dass seine Rendite irgendwo zwischen 15,5 und –5,5 liegen wird.

Praxis-Tipp:

Die Standardabweichung kann daher auch zur Prognostizierung des richtigen Einstiegszeitpunktes herangezogen werden. Sollte das Zertifikat beispielsweise in einem Jahr schon einen Verlust in Nähe der unteren Korridorbandbreite verbucht haben, so ist die Wahrscheinlichkeit recht hoch, dass es in naher Zukunft wieder Kursgewinne verbuchen wird.

Volatilität

Eine der wichtigsten Risikokennziffern überhaupt ist die Volatilität. Die Volatilität, die auch als Schwankungsbreite bezeichnet wird, hat einen entscheidenden Einfluss auf die Zertifikateauswahl. Der Begriff Volatilität stammt aus dem Italienischen von „volare" (fliegen) und lässt sich etwa mit „Flatterhaftigkeit" übersetzen. Die Volatilität basiert auf der im vorhergehenden Abschnitt vorgestellten Standardabweichung. Nur wird in diesem Fall in der Regel nicht die jährliche Rendite des Zertifikats herangezogen, sondern die Rendite auf Tagesbasis.

Schauen Sie sich einmal die Kursverläufe der beiden folgenden Aktien an:

Beispielvolatilität zweier Aktien

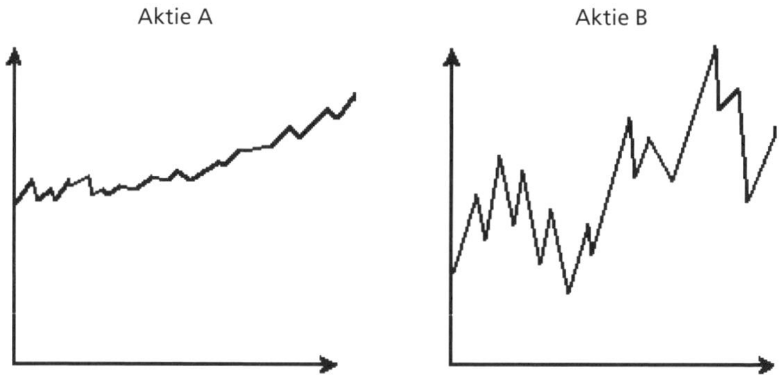

Man sieht sofort, dass die Schwankungsbreite der Aktie A wesentlich geringer ist als die der Aktie B. Das heißt aber auch, dass die Wahrscheinlichkeit recht hoch ist, dass dieses Verhalten sich in der Zukunft fortsetzt. Diese Wahrscheinlichkeit lässt sich jedoch nicht exakt bestimmen, da niemand in die Zukunft blicken kann. Es lassen sich daher nur Mutmaßungen über die künftige Entwicklung anstellen. In der Praxis versucht man jedoch, durch finanztheoretische Hypothesen, die auf Vergangenheitsdaten beruhen, eine Aussage zu tätigen – mit mehr oder weniger Erfolg.

Man hofft nun, dass sich die historische Entwicklung in der Zukunft wiederholt. Es wird unterstellt, dass die Kurse der Aktie B auch in Zukunft stärkeren Schwankungen unterliegen werden als die der Aktie A.

Statt aber die zukünftige Volatilität mit dem Namen zu nennen, greifen Experten häufig auf den Begriff der impliziten Volatilität zurück. Die nur auf Vergangenheitsdaten beruhende Volatilität wird dagegen als historische Volatilität bezeichnet.

Die implizite Volatilität spiegelt die Spekulation über die zukünftigen Schwankungen wider. Die impliziten Volatilitäten werden im Laufe der Zeit permanent angepasst. Von der Deutschen Börse werden ständig so genannte 250- und 30-Tage Volatilitäten für den DAX sowie für alle im Index enthaltenen Aktien berechnet. Diese werden dabei auf einen Zeitraum von einem Jahr berechnet und eignen sich auch für Zertifikateanleger, sofern es sich bei den Zertifikaten um Index-Zertifikate handelt.

Anleger, die unterstellen, dass die jüngste Vergangenheit die Zukunft widerspiegelt, wählen zweckmäßigerweise die 30-Tage Volatilität. Alle anderen verwenden die 250-Tage Volatilität.

Bei einem angenommenen DAX-Stand von 4000 Punkten und einer Volatilität von 30 Prozent ergäbe sich damit eine Schwankungsbreite für den DAX im kommenden Jahr von ca. 2800 bis 5200 Punkten. Dies kann auch für einen Anleger von Index-Zertifikaten interessant sein, hat er doch so die Möglichkeit, die zu erwartenden Renditen der Zertifikate abzuschätzen.

Sharpe-Ratio

Bisher wurde nur das Risiko in Form der Volatilität betrachtet. Dabei ist zu beachten, dass das Risiko zwar in Finanzkreisen synonym mit der Volatilität gebraucht wird, dies jedoch eigentlich nicht gerechtfertigt ist. Denn in bestimmten Fällen kann eine hohe Volatilität auch etwas Erfreuliches hervorbringen, zum Beispiel überdurchschnittliche Renditen in bestimmten Zeitperioden. Diese überdurchschnittlichen Renditen wird daher niemand als Risiko, sondern vielmehr als Chance bezeichnen.

Die Sharpe-Ratio ist eine mathematische Kennzahl, die angibt, wie sich das Verhältnis von Ertrag zu Risiko darstellt. Im Allgemeinen betrachtet man die Sharpe-Ratio daher als risikogewichtete Ertragskennzahl. Sie fasst die Rendite und das Risiko einer Anlage in einer einzelnen risikoadjustierten Kennzahl zusammen. Diese risikoadjustierte Kennzahl lässt sich mittels folgender Formel bestimmen:

$$\text{Sharpe-Ratio} = \frac{(\text{Portfoliorendite} - \text{risikofreier Zinssatz})}{\text{Standardabweichung des Portfolios}}$$

Dabei wird die Sharpe-Ratio immer anhand historischer Wertschwankungen gemessen. Es wird, wie auch schon bei der Volatilität, unterstellt, dass die historischen Wertschwankungen vergleichbar sind mit den zukünftigen Wertschwankungen. Das folgende Beispiel soll nun verdeutlichen, wie die Sharpe-Ratio für ein Zertifikat ermittelt werden kann.

Beispiel:

Das Zertifikat A hat in den vergangenen drei Jahren eine Rendite von 11 Prozent p. a. erwirtschaftet. Dabei lag die Standardabweichung bei 6 Prozent. Das Zertifikat B hat in der gleichen Zeit eine Rendite von 9,4 Prozent p. a. bei einer Standardabweichung von nur 3,8 Prozent erwirtschaftet.

Nun stellt sich für den Anleger die Frage, welches Zertifikat aus Rendite/Risiko-Gesichtspunkten vorzuziehen ist.

Hier bietet es sich an, zur Entscheidungsfindung die Sharpe-Ratio der beiden Zertifikate zu ermitteln. Um dieses aber ermitteln zu können, benötigt man zusätzlich zu den schon gegebenen Informationen noch die Höhe des risikolosen Zinssatzes. Dieser risikofreie Zinssatz ist genau der Zinssatz, den ein Anleger erhält, wenn er sein Kapital ohne Ausfallrisiko anlegt. Für diese Zinssatzgröße gibt es jedoch keinen exakten Wert. Näherungsweise lässt sich aber der Zinssatz für kurzfristige Staatsverbindlichkeiten der BRD heranziehen. In diesem Beispiel soll für den Zinssatz ein Wert von 3,1 Prozent angenommen werden.

Aus diesen Angaben lässt sich nun die Sharpe-Ratio mittels der oben angegebenen Formel bestimmen:

$$\text{Sharpe-Ratio Zertifikat A} = \frac{11\,\% - 3{,}1\,\%}{6\,\%} = 1{,}32\,\%$$

$$\text{Sharpe-Ratio Zertifikat B} = \frac{9{,}4\,\% - 3{,}1\,\%}{3{,}8\,\%} = 1{,}66\,\%$$

Damit weist das Zertifikat B eine höhere Sharpe-Ratio auf als das Zertifikat A. Das heißt, dass das Zertifikat B auf risikoadjustierter Basis besser ist als das Zertifikat A. Die Sharpe-Ratio sagt nun in diesem Fall aus, dass pro einem Prozent Risiko, hier in Form der Standardabweichung, eine höhere Rendite erzielt wurde als mit dem Zertifikat A. Und das, obwohl die Rendite des Zertifikats B in der Vergangenheit niedriger war.

Gewinnstrategien

5

Moderne Portfoliotheorie

Die optimale Depotstruktur zu finden gehört sicherlich zu den schwierigsten Aufgaben, die ein Anleger durchzuführen hat. Ein Ansatzpunkt hierfür kann die moderne Portfoliotheorie sein, für die Harry M. Markowitz 1990 den Nobelpreis erhielt. Seine Forschungsergebnisse belegen, dass ein Depot durch sinnvolle Streuung von Risiken wesentlich höhere Renditen generieren kann, und das mit geringerem Risiko.

Im Mittelpunkt der Betrachtung steht dabei der Zusammenhang zwischen Risiko und Rendite. Jeder Anleger sollte das Ziel verfolgen, eine maximale Rendite bei minimalem Risiko zu erzielen. Das Problem dabei ist aber, dass gerade die Produkte, die eine hohe Rendite versprechen, auch das größte Risiko bergen.

Beispielsweise kann ein Index-Zertifikat eine wesentlich höhere Rendite generieren als eine Staatsanleihe. Jedoch wird diese Gewinnchance durch ein wesentlich höheres Risiko erkauft, denn wie Anleger in den letzten Jahren erkennen konnten, sind Börsen keine Einbahnstraße und Kursausschläge nach oben wie auch nach unten keine Seltenheit.

Die Rendite/Risiko-Strukur zwischen Anleihen und Zertifikaten lässt sich hervorragend in einem Rendite/Risiko-Diagramm darstellen.

Rendite/Risiko-Struktur von Anleihen und Zertifikaten

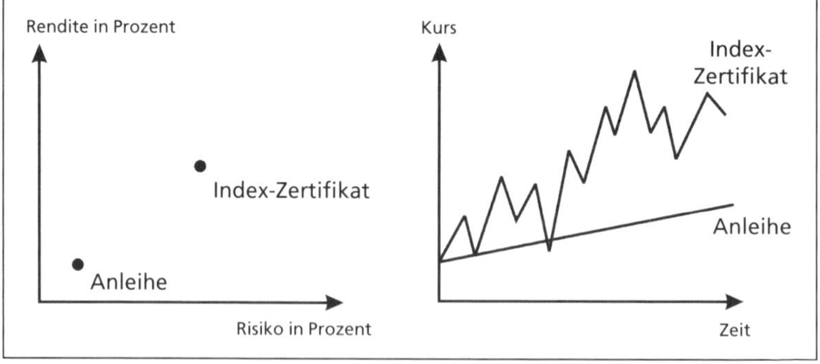

Wie man sehen kann, ist die Rendite auf der vertikalen und das Risiko auf der horizontalen Achse des Diagramms eingezeichnet. Je weiter links eine Anlageform eingezeichnet ist, desto weniger Risiko birgt diese. Weiterhin gilt, je weiter oben eine Anlageform eingezeichnet ist, desto mehr Rendite bringt sie. Eine optimale Anlageform sollte daher am besten links oben im Diagramm eingezeichnet sein, wo das Risiko am geringsten und die Rendite am höchsten ist. Leider finden sich solche Anlagen nicht, weshalb man versuchen muss, durch Kombination verschiedenster Anlageformen möglichst nahe in die obere linke Ecke zu gelangen.

An dieser Stelle setzt die moderne Portfoliotheorie an. Es wird versucht, verschiedene Anlageprodukte mit unterschiedlichen Risiken und Renditen miteinander zu kombinieren, dass das Depot eines Anlegers insgesamt bei möglichst geringem Risiko eine möglichst hohe Rendite erzielt.

Ein Anleger hat beispielsweise bisher nur ein Index-Zertifikat auf den DAX in seinem Depot. Damit fühlte er sich bisher immer gut beraten. Jetzt stellt er sich die Frage, ob er ein Zertifikat auf einen Biotechnologieindex erwerben soll.

Formal betrachtet, wird er sicherlich geneigt sein, die Frage zu verneinen, da die Biotechnologiebranche eine der riskantesten überhaupt ist, nicht jedoch aus Sicht der modernen Portfoliotheorie. Hier ist nicht das Einzelrisiko interessant, sondern eher die Auswirkungen auf das Gesamtdepot. Um dies besser zu verdeutlichen, soll für beide Anlageprodukte das Rendite/Risiko-Diagramm näher betrachtet werden.

Optimales Depot

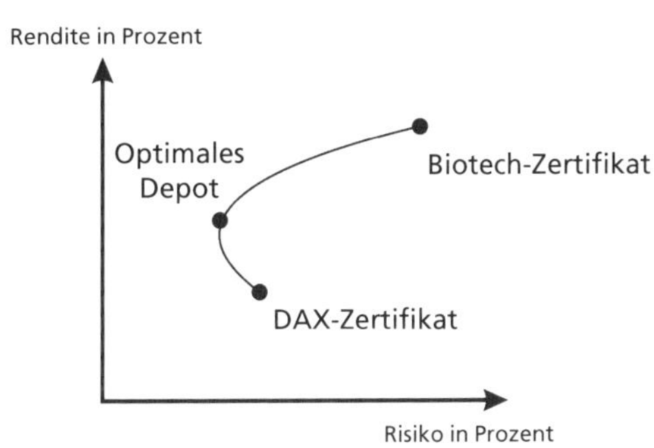

Das Diagramm zeigt die Rendite/Risiko-Struktur des DAX-Zertifikats und des Biotechnologiezertifikats. Zusätzlich wurde die Rendite/Risiko-Struktur des Gesamtdepots bei optimaler Kombination beider Anlageformen eingezeichnet.

Wie man sieht, ist das Index-Zertifikat auf den DAX, isoliert betrachtet, wesentlich risikoärmer als das Biotechnologiezertifikat. Jedoch zeigt die genauere Analyse, dass das optimale Depot, bestehend aus ca. 80 Prozent DAX und ca. 20 Prozent Biotech, deutlich risikoärmer ist als das isoliert betrachtete DAX-Zertifikat. Genau diese Erkenntnis ist eine der zentralen Entdeckungen von Harry M. Markowitz: Ein risikoarmes Depot kann durch die Hinzunahme eines geeigneten risikoreicheren Wertpapiers noch risikoärmer werden.

Bei dem soeben untersuchten Beispiel liegt das daran, dass der Kursverlauf des Biotechindexes anders auf fundamentale äußere Einflüsse, wie beispielsweise ein Ölpreisanstieg, reagiert als der DAX, der zum Teil sehr sensibel auf Ölpreisschwankungen reagiert. Aus diesem Grund erzeugt die optimale Mischung beider Anlageprodukte einen Ausgleich und eine Glättung der Kursschwankungen und führt zu einer Reduzierung des Risikos sowie zu einer Erhöhung der erzielbaren Rendite.

In der Praxis hat ein Anleger jedoch weit mehr als zwei Anlageprodukte im Depot. Es gibt gerade unter Privatanlegern etliche, die sogar 100 verschiedene Wertpapiere und mehr in ihrem Depot verbucht haben.

Die Aufgabe besteht nun darin, den prozentualen Anteil der einzelnen Wertpapiere so zu verändern, dass das Risiko des Gesamtdepots sinkt und die Rendite sich erhöht. Das Problem dabei ist nur, dass es theoretisch unendlich viele Kombinationsmöglichkeiten gibt. Jedoch gibt es sozusagen eine obere Grenze, die man auch als Effizienzgrenze bezeichnet: Nur wenn ein Depot im Rendite/Risiko-Diagramm auf dieser Grenze liegt, ist es effizient. Das heißt, dass Depots bei einem bestimmten Risiko die höchste Renditeerwartung, oder umgekehrt, bei einer bestimmten Rendite das kleinste Risiko haben.

Effizienzgrenzen

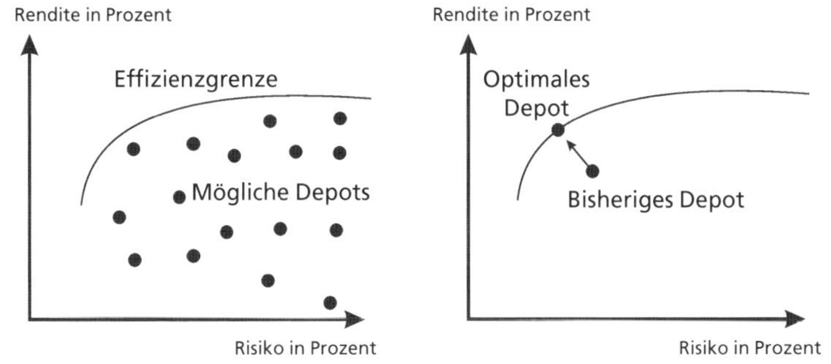

In diesem Fall existiert dann kein anderes Depot, das bei einem bestimmten Risiko mehr Renditechancen bietet oder umgekehrt, das bei mindestens gleichen Renditechancen weniger Risiko birgt. Das Ziel eines jeden Anlegers sollte es deshalb sein, das Depot so zu strukturieren, dass es effizient ist und so auf oder zumindest nahe an der Effizienzgrenze liegt, das heißt, eine positives Sharpe-Ratio für das Gesamtdepot zu erreichen, damit sich das eingegangene Risiko auch bezahlt macht.

Die Optimierungsmethode beruht nun darauf, durch Berechnung der wechselseitigen Abhängigkeiten der Kurse der einzelnen Anlageformen eine optimale Struktur zu finden, damit sich die Sharpe-Ratio erhöht. Da diese wechselseitigen Abhängigkeiten auf Vergangenheitsdaten beruhen, unterstellt man, dass sich die Entwicklung der Vergangenheit auch in Zukunft so fortsetzt.

Das Problem eines jeden Anlegers ist nun, diese Berechnungen selbst durchzuführen. Leider ist eine derartige Berechnung sehr kompliziert und aufwendig, so dass dafür Computer eingesetzt werden müssen.

Um die optimale Depotstruktur zu ermitteln, sind Anleger auf Hilfen von Finanzberatern angewiesen. So führen beispielsweise einige Banken diese Optimierung für ihre Kunden kostenlos durch. Auch haben Anleger die Möglichkeit, bestimmte Aktionen von Medien zu nutzen. So können Sie beispielsweise beim Fernsehsender n-tv und beim Wirtschaftsmagazin Capital diese Portfoliooptimierung in regelmäßigen Abständen für wenige Euro durchführen lassen.

Bei all diesen Vorteilen sollte die Portfoliooptimierung jedoch nicht die alleinige Grundlage für Anlageentscheidungen darstellen, da diese finanzmathematische Analyse zur Steigerung der Effizienz immer von rationalen Märkten ausgeht, in denen die Kurse von Wertpapieren grundsätzlich als fair angenommen werden. Wie sich im Zuge der Anschläge vom 11. September 2001 gezeigt hat, reagieren Anleger aber nicht immer rational, sondern leider meist irrational. So konnten Anleger erleben, wie Aktien im Zuge von Panikverkäufen zu viel zu niedrigen Kursen gehandelt wurden. Auch Marktübertreibungen wie die Technologieblase zum Jahrtausendwechsel führten so zu irrational hohen Preisen für Aktien.

Portfolio-Strategie-Zertifikate

ZJ Portfolio Strategie-Zertifikat

Wenn Anleger die Umsetzung dieser Vorschläge zu kompliziert und zu aufwendig empfinden sollten, bietet sich noch eine andere Möglichkeit an. Es können einfach Anteile an einem Strategie-Zertifikat erworben werden, welches die Grundsätze der Portfoliotheorie beachtet.

Natürlich gelten in diesem Fall die Erkenntnisse bezüglich der Rendite/Risiko-Struktur nur für das Zertifikat und nicht für das Gesamtdepot des Anlegers, jedoch bietet sich dieses Zertifikat als ideale Alternative zu einem Mix aus verschiedenen Zertifikaten an.

Ein solches Zertifikat, welches die moderne Portfoliotheorie beachtet, ist das ZJ Portfolio Strategie-Zertifikat von ABN Amro. Es hat das Anlageziel, die besten Zertifikate aller Klassen zu bündeln und diese optimal miteinander zu kombinieren. Damit ermöglicht dieses Zertifikat dem Anleger, an einer ausbalancierten Einheit aus Chance und Absicherung zu partizipieren.

Das Zertifikat legt vor allem großen Wert auf eine breite Diversifikation, weshalb es auch einen größeren Teil des Vermögens eines Anlegers repräsentieren könnte.

Um dieses Ziel zu erreichen, unterscheidet das Zertifikat zwischen insgesamt vier verschiedenen Produktbereichen, in die das Anlagevermögen in optimierter Gewichtung investiert wird:

1. Kapitalschutz (30 bis 40 Prozent)
2. Renditeoptimierung (25 bis 50 Prozent)

3. Partizipation (10 bis 20 Prozent)
4. Spezialsituationen (0 bis 20 Prozent)

Beim Kapitalschutz geht es darum, besonders risikoarme Produkte zu erwerben, die bei maximaler Unabhängigkeit von den Schwankungen der Börsennotierungen eine so genannte Sockelrendite von 4–6 Prozent pro Jahr erwirtschaften. Da aus steuerlichen Gründen hierfür Anleihen oder andere zinsbringende Anlageprodukte weniger geeignet erscheinen, liegt das Hauptaugenmerk insbesondere auf tief im Geld liegende Discount-Zertifikate. Zusätzlich dazu können auch sehr defensive Hedge-Fonds-Zertifikate, die in der Vergangenheit gute und stetige Renditen gebracht hatten, mit eingemischt werden. Eine weitere Investitionsmöglichkeit, welche einen maximalen Kapitalschutz garantiert, sind Knock-in-Zertifikate mit bereits aktiviertem Sicherheitsmechanismus.

Im Produktbereich Renditeoptimierung werden solche Zertifikate berücksichtigt, die ein attraktives Renditepotential aufweisen. Hierzu gehören vor allem Bonus- und Protect-Zertifikate mit ausreichendem Abstand zur Barriere, Discount-Zertifikate mit einem dem Basisobjektstand entsprechenden Höchstbetrag sowie All Time High Zertifikate.

Im Bereich Partizipation werden vor allem solche Zertifikate erworben, die auf mittlerer Sicht über ausgezeichnete Wachstumschancen verfügen. Dabei können sowohl Basket- als auch Index-Zertifikate ausgewählt werden, die beispielsweise die Entwicklung interessanter Sektoren wie der Biotechnologie oder der Umwelttechnologie widerspiegeln. Auch können hier Zertifikate erworben werden, die sich auf Schwellenländer oder auf Rohstoffe, wie Erdöl oder aber auch Gold, beziehen.

Der Bereich der Spezialsituationen gibt dem ZJ Portfolio Strategie-Zertifikat erst den gewissen Kick. Hier können spekulative Finanzprodukte erworben werden, um kurzfristige Schwankungen der Börsennotierungen sowie Marktineffizienzen auszunutzen. Hierzu zählen beispielsweise Turbo-Zertifikate oder Korridor- und Inline-Optionsscheine. Weiterhin können in diesem Bereich auch Spekulationen im Zins- und Währungsbereich eingegangen werden.

Bei diesem Zertifikat handelt es sich also um ein Dachzertfikat, welches entweder als Depotbasis oder aber auch als Komplett-Lösung eingesetzt werden kann. Letztere garantiert dem Anleger dann eine ständige Optimierung des Depots nach der modernen Portfoliotheorie.

ZJ Portfolio Strategie Zertifikat	
Emittent:	ABN Amro
ISIN:	NL0000413771
Laufzeit:	Endlos
Spread:	1,5 %
Managementgebühr:	1,5 % p. a.

Equilibrium-Zertifikate

Neben dem Kauf des soeben vorgestellten ZJ Portfolio Strategie-Zertifikats gibt es auch noch eine andere Möglichkeit, an der modernen Portfoliotheorie nach Markowitz zu partizipieren, nämlich in Form von so genannten Equilibrium-Zertifikaten der Dresdner Bank. Diese sind dabei nicht als Basisinvestment, sondern vielmehr als strategische Beimischung im Depot der Anleger zu verstehen. Den Hintergrund für diese Zertifikateform bildet die meist einseitige Ausrichtung der deutschen Anleger auf Europa und den Technologiebereich.

Das auf die Finanzbranche spezialisierte Unternehmen tetralog systems AG hat, um diesen Zusammenhang zu erkennen, insgesamt über 40 000 Depots deutscher Privatanleger untersucht und dabei diese einseitigen Ausrichtungen auf Europa und den Technologiebereich entdeckt, welche im Sinne der modernen Portfoliotheorie im Hinblick auf das Chance/Risiko-Verhältnis nicht günstig sind. Besser wäre es, diese einseitigen Depots umzuschichten, um so das Risiko zu senken und die Rendite zu erhöhen.

Leider ist dies in der Praxis schwierig und wird dementsprechend von den Anlegern trotz des Wissens um die Zusammenhänge nicht oder nur zum Teil berücksichtigt. Viele Anleger sitzen auf diversen Positionen, die weit unter ihren Einstandskursen notieren. Die Bereitschaft der Anleger, sich von diesen Werten zu trennen, ist daher nicht sehr groß.

Um aber das Depot optimal zu strukturieren, wäre es notwendig, einen Großteil des Anlegerdepots zu liquidieren, um die dadurch freiwerdenden Geldmittel zum Aufbau anderer Positionen zu nutzen.

Eine weitere Frage ist, welche neuen Positionen gekauft werden müssen, um das Depot optimal auszurichten. Und genau an diesem

Punkt setzen die Equilibrium-Zertifikate an. Als Basisobjekt enthalten diese Zertifikate einen Korb aus 15 verschiedenen Aktien, welche eine möglichst geringe Korrelation zu den europäischen Börsen bzw. zu den Technologieaktien aufweisen. Damit verlaufen die Kurse der Equilibrium-Zertifikate weitgehend unabhängig von den Börsen Europas bzw. den Technologieaktien.

Es ist möglich, dass beispielsweise Kurseinbrüche an den europäischen Börsen durch Kursgewinne der Equilibrium-Zertifikate zumindest zum Teil ausgeglichen werden können. Dadurch wird die Schwankungsbreite des Gesamtdepots reduziert und der Kursverlauf geglättet. Durch ein Investment in diese Zertifikate kann also die nicht optimale Risikostreuung verbessert werden.

Um dieses Ziel zu erreichen, wurden diejenigen Aktien identifiziert, die in der Vergangenheit eine andere Kursentwicklung aufwiesen als diejenigen, die sich am häufigsten in Depots deutscher Anleger befinden. Weiterhin wurden folgende Anforderungen identifiziert:

- Es werden nur solche Aktien ausgewählt, deren Emittenten ihren Sitz weder in Europa noch in den USA haben.
- Die Aktien stammen aus Branchen, die nicht von den deutschen Anlegern bevorzugt werden.
- Die Emittenten der Aktien haben ihren Sitz in den Regionen Lateinamerika, Asien, Osteuropa, Australien oder Afrika.

Damit liegt der Anlageschwerpunkt dieser Zertifikate also insbesondere in den Emerging Markets. Gerade in den letzten Börsenjahren konnten Anleger eindrucksvoll feststellen, dass die Schwellenländer sich weitgehend unabhängig von den Leitbörsen der Welt entwickelt haben. Insbesondere die Regionen Asien und Osteuropa konnten beeindruckende Kurssteigerungen verbuchen, währenddessen amerikanische und europäische Anleger zum Teil herbe Verluste zu verschmerzen hatten. Daher kann jedem Anleger nur geraten werden, die Schwellenländer im Depot zu berücksichtigen.

Das Besondere an den Equilibrium-Zertifikaten ist, dass sie speziell auf die Bedürfnisse deutscher Anleger mit ihren einseitigen Depotstrukturen zugeschnitten sind. Je nachdem, welche Ausrichtung im Depot vorliegt, wird entweder das Equilibrium-Technik- oder das Equilibrium-Europa-Zertifikat erworben.

Haben also Anleger hauptsächlich in Zeiten der Technologieblase Investitionen getätigt, dann sind sicherlich Technologieaktien überproportional im Depot der Anleger vertreten. Folglich reduziert dann ein Kauf des Equilibrium-Technik-Zertifikats das Risiko des Gesamtdepots beträchtlich, und das bei gleichen oder gar besseren Renditechancen des Gesamtdepots.

Ähnlich verhält es sich bei Anlegern, die hauptsächlich nur europäische Standard- und Nebenwerte im Depot haben. Hier kann ebenfalls das Risiko reduziert werden, wenn das Equilibrium-Europa-Zertifikat mit ins Depot aufgenommen wird.

Da sich die Anlegerneigungen mit der Zeit verändern, ist es natürlich notwendig, die Zertifikate entsprechend dem Anlegerverhalten von Zeit zu Zeit anzupassen. Daher wird die Zusammensetzung des Zertifikats kontinuierlich überprüft und entsprechend verändert, damit auch in Zukunft eine möglichst geringe Korrelation zwischen Zertifikat und Anlegerdepot vorherrscht.

Anleger, die hauptsächlich entweder europäische Aktien oder aber Technologieaktien im Depot ihr Eigen nennen, sollten daher über ein Investment in Equilibrium-Zertifikaten nachdenken. Aber nicht nur für diese, sondern auch für alle anderen Anleger sind diese Zertifikate interessant, bieten sie doch eine echte Alternative zu Zertifikaten, die sich auf Schwellenländer-Indizes beziehen.

Equilibrium-Zertifikate	
Emittent:	Dresdner Bank
ISIN für das Europa-Zertifikat:	DE0005907976
ISIN für das Technologie-Zertifikat:	DE0005907984
Laufzeit:	Endlos
Spread:	2 Prozent
Managementgebühr:	1,25 Prozent p. a.

Dividendenstrategie mit Zertifikaten

Neben der Strategie der modernen Portfoliotheorie gibt es noch einige weitere Erfolg versprechende Strategien. Eine davon ist die Dividendenstrategie. Bei dieser Strategie investiert der Anleger vorrangig in Zertifikate, die sich auf besonders dividendenstarke Aktien beziehen.

Die Dividende ist dabei ein Teil des Bilanzgewinns einer Aktiengesellschaft, die einmal pro Jahr, einen Tag nach der Hauptversammlung, an den Aktionär ausgeschüttet wird. Der Zeitpunkt dieser Zahlung, ist hier jedoch von Unternehmen zu Unternehmen unterschiedlich. Die Höhe wird auf der Hauptversammlung durch Mehrheitsbeschluss festgelegt und im Vorfeld vom Vorstand und Aufsichtsrat des jeweiligen Unternehmens vorgeschlagen.

Zu beachten ist aber, dass in der Regel nur ein Teil des Bilanzgewinns als Dividende ausgeschüttet wird. Der einbehaltene Gewinn wird vom Unternehmen zum Beispiel für neue Investitionen genutzt. Daher gibt es auch Firmen, die gar keine Dividende ausschütten, obwohl sie glänzende Gewinne einfahren. Bei diesen Unternehmen handelt es sich meist um so genannte Wachstumsunternehmen, die das Geld lieber in das Wachstum des Unternehmens stecken, als es an die Aktionäre auszuschütten.

Dies trifft auf Standardunternehmen jedoch meist nicht zu, sie schütten meist regelmäßig Dividenden aus. Dabei lässt sich ein Zusammenhang mit dem Gewinn eines Unternehmens herstellen: Wenn die Gewinne eines Unternehmens steigen, steigt in der Regel auch die Dividende, sinkt dagegen der Gewinn des Unternehmens, sinkt folgerichtig auch die Dividende. In Krisensituationen, wie beispielsweise einer Wirtschaftskrise, bleiben die Dividendenzahlungen oft sogar ganz aus.

Die Vergangenheit hat gezeigt, dass die Dividende im langfristigen Durchschnitt ca. 50 Prozent des Gesamtertrages einer Aktienanlage ausmacht. Was liegt da also näher, als diese Strategie bei der Investmententscheidung zu berücksichtigen.

Dieser Investmentansatz ist dabei nicht nur für konservative Anleger interessant, sondern auch für alle anderen, da Aktien mit überdurchschnittlicher Dividendenrendite auch in der Vergangenheit die höchsten Kursgewinne verbuchen konnten. Untersuchungen haben gezeigt, dass man mit dieser Anlagestrategie im mittel- bis langfristigen Vergleich so den Vergleichsindex schlagen kann.

Ein Grund für die gute Kursentwicklung ist schnell gefunden. In Zeiten von Unsicherheit bevorzugen Investoren vorrangig Aktien, die durch eine hohe Dividendenausschüttung zeigen, dass sie Gewinne erwirtschaften und somit eine gute Basisverzinsung des Kapitals garantieren. Weiterhin bietet eine hohe Dividendenrendite neben der dadurch erzielbaren Rendite auch einen gewissen Schutz vor Kursverlusten.

Beträgt die Dividendenrendite einer Aktie beispielsweise fünf Prozent und sind am Aktienmarkt nur Renditen von drei Prozent zu erzielen, ist die Anlage in diese Aktie interessanter als der Kauf einer Anleihe. Die Aktienanlage wirft sogar eine höhere Rendite ab als andere Anlageformen, und das unabhängig davon, wie sich der Aktienkurs entwickelt.

Andere Studien haben gezeigt, dass zusätzlich zu den eben genannten Vorteilen noch ein weiterer Vorteil, nämlich die Volatilität existiert. Diese ist gerade bei dividendenstarken Aktien wesentlich geringer als bei dividendenschwachen Aktien. Folglich ist das Rendite/Risiko-Verhältnis besser.

Aber die Dividendenrendite ist nicht alles, auf das bei dieser Strategie geachtet werden muss. Die Nachhaltigkeit der Dividende ist entscheidend. Was nützt es dem Anleger, wenn ein Unternehmen kurzfristig hohe Dividenden ausschüttet, diese Ausschüttungshöhe dann aber in ein paar Jahren drastisch reduziert? Entscheidend ist vielmehr, solche Aktien auszuwählen, die langfristig eine hohe Dividendenausschüttung gewährleisten können.

Um dieses Kriterium erfüllen zu können, ist die Bilanzqualität, das Business-Modell sowie die Qualität des Managements wichtig. Nur wenn alle diese Kriterien erfüllt sind, ist eine nachhaltig hohe Dividende wahrscheinlich.

Viele Anleger werden sich vor dem Hintergrund der oft fehlenden Dividendenpartizipation bei Zertifikaten vielleicht die Frage stellen, wie eine solche Strategie mittels Zertifikaten umgesetzt werden kann. Es ist sicherlich richtig, dass sehr viele Zertifikatekonstruktionen den Anleger nicht an Dividendenzahlungen beteiligen. Es gibt jedoch Ausnahmen, bei denen Zertifikate genau die Dividendenstrategie umsetzen und den Anleger vollständig an den Dividenden beteiligen.

Natürlich hat die Sache, wie so oft, einen Haken. Der liegt in der erhobenen Managementgebühr. Da diese Gebühr aber im Vergleich zu der Dividendenhöhe der dem Zertifikat zugrunde liegenden Aktien wesentlich niedriger ist, hat der Anleger dennoch erhebliche finanzielle Vorteile aus einem Investment in diese Zertifikateform.

Für die Umsetzung bieten sich beispielsweise die Dividenden-Stars-Zertifikate von Société Générale an, die unterschiedliche Anlageregionen abdecken. Neben einem Zertifikat auf besonders dividendenstarke Aktien aus Deutschland gibt es ferner noch Zertifikate, die sich auf die Regionen Europa, USA und die gesamte Welt beziehen.

Diese Zertifikate sind ohne Laufzeitbegrenzung und eignen sich daher auch für ein langfristiges Investment oder aber in Form von Sparplänen als Baustein für den langfristigen Vermögensaufbau. Die Zusammensetzung wird halbjährlich entsprechend der Dividendenrendite angepasst.

Zertifikat	Laufzeit	Gebühr p. a.	Spread	ISIN
Dividend Stars Germany	Endlos	0,6 %	0,5 %	DE000SG0EDK6
Dividend Stars Europe	Endlos	0,6 %	0,5 %	DE000SG0EDJ8
Dividend Stars USA	Endlos	0,6 %	1,5 %	DE000SG0EDH2
Dividend Stars World	Endlos	0,6 %	2,0 %	DE000SG0EDL4

Zertifikate bei fallenden Börsenkursen

Rechnet ein Anleger mit fallenden Börsennotierungen, so hat er die Möglichkeit, auf Zertifikate mit Kapitalgarantie oder zumindest mit eingebautem Risikopuffer zu setzen. Bei diesem Vorgehen erleidet der Anleger in dieser Börsensituation, je nach Zertifikateart, entweder keinen oder aber geringere Verluste als ein Direktanleger. Lediglich bei leicht fallenden Kursen hätte der Anleger die Chance, durch geschickte Auswahl der Zertifikate einen moderaten Gewinn zu erzielen.

Da der Anleger in diesem Szenario jedoch von Anfang an davon ausgegangen ist, dass die Kurse fallen, ist es eigentlich schade, dass dabei nicht mehr Gewinn abgefallen ist. Diesen Nachteil kann ein spekulativ veranlagter Anleger umgehen, indem er die schon in diesem Buch vorgestellten spekulativen Zertifikate, wie beispielsweise Turbo-Zertifikate, erwirbt.

Bei der Entscheidung für den Kauf dieser Zertifikateart könnte der Anleger bei fallenden Börsennotierungen enorme Gewinne erzielen. Dabei gibt es jedoch ein entscheidendes Problem, welches es zu beachten gilt: Anleger erleiden einen Totalverlust, sobald die Knockout-Schwelle erreicht wird. Sollte beispielsweise der Anleger damit rechnen, dass die Kurse in einem halben Jahr niedriger stehen als heute, könnte er Turbo-Bär-Zertifikate erwerben.

Bei dieser Strategie könnte der Anleger jedoch trotzdem einen Totalverlust erleiden, selbst wenn seine Prognose eintreten sollte. Da die Kurse von Aktien und Indizes die Eigenschaft besitzen, zum Teil sehr stark zu schwanken, würde ein zwischenzeitlicher Anstieg der Kurse in Form einer so genannten Zwischenerholung im Abwärtstrend eventuell dazu führen, dass seine Zertifikate wertlos werden, weil die Knock-out-Barriere durchbrochen wurde.

Aus diesem Grund sind derartige Zertifikate nur für kurzfristige Spekulationen geeignet.

Bär-Index-Zertifikate

Will der Anleger trotzdem von seiner langfristig negativen Prognose der Börsenentwicklung profitieren, muss er zu einer anderen Form von Zertifikaten greifen, die bisher noch nicht betrachtet wurde. Die Rede ist von Bär-Index-Zertifikaten. Diese verhalten sich im Prinzip genauso wie herkömmliche Index-Zertifikate, nur mit einem Unterschied: Die Kursentwicklung verläuft nicht proportional zum Kurs des abgebildeten Index, sondern genau entgegengesetzt. Fällt zum Beispiel der abgebildete Index um fünf Prozent, gewinnt das Zertifikat entsprechend fünf Prozent an Wert. Steigt hingegen der Index um fünf Prozent, würde das Zertifikat folgerichtig fünf Prozent verlieren.

Chance/Risiko-Profil von Bär-Index-Zertifikaten

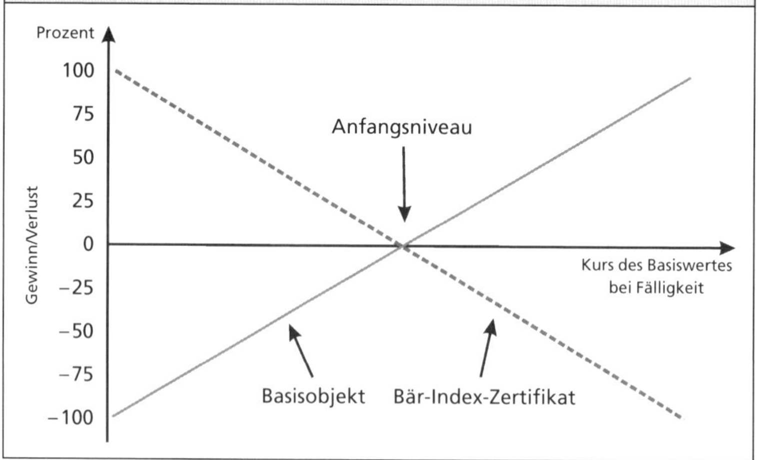

Das Interessante dabei ist, dass es hier weder irgendwelche Hebel noch Knock-out-Barrieren gibt. Selbst wenn sich der Index zwischenzeitlich entgegengesetzt zu der Prognose des Anlegers entwickeln sollte, erleidet er keinen dauerhaften Totalverlust. Er hat zwar, je nach Kursanstieg des Index, eventuell zum Teil herbe Kursverluste zu verkraften, jedoch besteht immer noch die Möglichkeit, dass eine beginnende Baissephase zu Gewinnen im Zertifikat führt.

Sollte der Anleger mit seiner Prognose richtig liegen, dass die Kurse in einem halben Jahr niedriger stehen als heute, kann er sichergehen, dass er profitiert, und das unabhängig davon, ob die Kursentwicklung des Index in einem eintönigen und kontinuierlichen Abwärtstrend oder aber unter starken Schwankungen erfolgt. Entscheidend ist nur, dass die Kurse zum Prognosezeitpunkt tatsächlich niedriger liegen als heute.

Zertifikat	Emittent	Laufzeit	Bezugsverhältnis	Ausgangsbasis Index	ISIN
DAX Bär	Bankgesellschaft Berlin	Endlos	1:100	10 000 Punkte	DE0005868327
DAX Bär	Bankgesellschaft Berlin	Endlos	1:100	7 000 Punkte	DE0001683290
Dow Jones Bär	Bankgesellschaft Berlin	Endlos	1:100	20 000 Punkte	DE000A0AMFB0
Eurostoxx 50 Bär	Bankgesellschaft Berlin	Endlos	1:100	10 000 Punkte	DE0005868343
Eurostoxx 50 Bär	Bankgesellschaft Berlin	Endlos	1:100	5 000 Punkte	DE0001683282
Nasdaq 100 Bär	Bankgesellschaft Berlin	Endlos	1:100	10 000 Punkte	DE0005868418
Nemax Bär	Bankgesellschaft Berlin	Endlos	1:100	10 000 Punkte	DE0005868467
Nikkei 225 Bär	Bankgesellschaft Berlin	Endlos	1:1	30 000 Punkte	DE0005868442
S&P Bär	Bankgesellschaft Berlin	Endlos	1:100	3 000 Punkte	DE0005868384
Stoxx 50 Bär	Bankgesellschaft Berlin	Endlos	1:100	10 000 Punkte	DE0005868368
TecDAX Bär	Bankgesellschaft Berlin	Endlos	1:100	1 000 Punkte	DE0002016003

Bär-Index-Zertifikate gibt es auf fast alle wichtigen Indizes. In der vorstehenden Tabelle werden einige interessante Zertifikate aufgeführt, die sich für eine Spekulation auf fallende Indexstände eignen.

Die Bär-Index-Zertifikate werden mittlerweile von diversen Emittenten angeboten. Die meisten haben dabei keine Laufzeitbegrenzung, so dass Anleger auch auf lang anhaltende Abwärtsphasen der Börsen setzen können. Rein theoretisch ist jedoch ein zwischenzeitlicher Totalverlust trotzdem möglich. Sollten beispielsweise die Kurse einmal wieder wie in den Jahren 1998 bis 2000 steigen, würden viele Bär-Zertifikate wertlos werden. Dieser Totalverlust muss jedoch nicht von Dauer sein. Ein weiterer Terroranschlag wie der am 11. September 2001 oder aber ein erneuter Börsencrash würden wieder zu Gewinnen im Zertifikat führen.

Volatilitäts-Zertifikate

Neben der Strategie, auf Bär-Index-Zertifikate zu setzen, gibt es noch eine Möglichkeit, die jedoch etwas spekulativerer Natur ist. Die Rede ist von Volatilitäts-Zertifikaten.

Turbulente Börsenphasen, verbunden mit steigenden oder aber fallenden Börsennotierungen, haben die Eigenart, stark schwankende Kurse aufzuweisen. Je stärker die Kurse schwanken, desto höher ist dementsprechend die Volatilität, die die Schwankungsbreite beschreibt.

Die Volatilität lässt sich beispielsweise beim DAX durch den durch die Deutsche Börse berechneten und publizierten VDAX ablesen. Je stärker die Kursausschläge ausfallen, desto höher ist auch der VDAX. Der VDAX ist also ein Volatilitätsindex, der auf kurz laufenden DAX-Optionen basiert. Es handelt sich bei ihm um einen vorausschauenden Indikator, der sich aus den tatsächlich gehandelten Zukunftserwartungen in Form von gehandelten Optionen von Marktteilnehmern ergibt.

Da der VDAX ein Index ist, wundert es nicht, dass es auch dafür ein Index-Zertifikat gibt. Ein solches wird beispielsweise von dem Emittenten Merrill Lynch angeboten. Leider haben die bisher emittierten Zertifikate nur eine begrenzte Restlaufzeit, so dass interessierte Anleger zeitnah aktuelle Zertifikate durch Internetrecherche ermitteln müssen.

Anleger, die mit turbulenten Börsenphasen und steigender Nervosität der Anleger rechnen, sind mit derartigen Zertifikaten gut bedient und können sich über lukrative Gewinne freuen.

Gewinn/Verlust-Rechnung

Viele Anleger tappen immer wieder in die Gewinn/Verlust-Falle. Sie denken, wenn ein Zertifikat beispielsweise 40 Prozent verloren hat, bräuchten sie nur einen Kursanstieg ebenfalls um 40 Prozent, um die Verluste auszugleichen. Dem ist aber leider nicht so. Daher soll im Folgenden eine Tabelle darüber Aufschluss geben, wie viel Gewinn ein Anleger braucht, um einen vorher erwirtschafteten Verlust wieder auszugleichen. Die Gewinn/Verlust-Falle ist zusätzlich auch für Anleger interessant, die in den letzten sehr schwachen Börsenjahren enorme Verluste einfahren mussten. Nicht wenige Aktien, die durch die Technologieblase enorme Kurssteigerungen erfahren haben, gaben in der Folgezeit zum Teil bis zu 90 Prozent nach. Anleger, die zu den Höchstkursen eingestiegen sind, brauchen, wenn dies überhaupt möglich ist, sehr viel Geduld, um diese Verluste auszugleichen.

Checkliste: Gewinn/Verlust

Verlust in Prozent	Notwendiger Gewinn in Prozent
5	5,3
10	11,1
15	17,6
20	25
25	33,3
30	42,9
35	53,8
40	66,7
45	81,8
50	100
60	150
70	233,3
80	400
90	900

Wie aus der oben abgebildeten Tabelle hervorgeht, sind bei einem eingetretenen Verlust von beispielsweise 30 Prozent insgesamt 42,9 Prozent notwendig, um den Verlust auszugleichen. Bei 70 Prozent Verlust sind sogar 233 Prozent Gewinn nötig. Der notwendige Gewinn, um einen vorher erwirtschafteten Verlust auszugleichen, steigt dabei überproportional.

Diesen Sachverhalt sollten alle Anleger stets im Auge behalten. Um der Gewinn/Verlust-Falle zu entgehen, sollten Anleger konsequent Stop-Loss-Schwellen setzen und bei Unterschreiten dieser die Notbremse ziehen, um größere Kursverluste zu vermeiden.

Vermögensaufbau durch Sparpläne

Neben Investmentfonds eignen sich auch Zertifikate für den langfristigen Vermögensaufbau. Diese Form des Sparens ist schon seit längerem ein beliebtes Mittel zum Anhäufen von größeren Geldbeträgen, gerade im Hinblick auf die Alterssicherung.

Früher konnte man ausschließlich in Fonds sparen. Die damaligen Zertifikate eigneten sich aufgrund der begrenzten Laufzeit dafür nicht. Seit einiger Zeit gibt es jedoch glücklicherweise auch Zertifikate, die ohne Laufzeitbegrenzung ausgestattet sind. Insbesondere ist dies bei Index-Zertifikaten der Fall.

Der Vermögensaufbau mittels Sparplänen erfolgt dabei mit überschaubaren und selbst zu wählenden, meist monatlichen Beträgen. Wenn nun Zertifikate über einen Sparplan erworben werden, nutzt man den so genannten Cost-Average-Effekt. Dieser sagt nichts anderes aus, als dass man über einen längeren Zeitraum hinweg Anteile an einem Zertifikat erwirbt, und zwar zu einem Preis, der günstiger ist als der langfristige Durchschnittspreis.

Wenn ein Anleger für den gleichen Anlagebetrag ständig Anteile erwirbt, bekommt er in börsenschwachen Zeiten mehr Anteile als in Zeiten, in denen die Kurse hoch stehen. Damit erzielt er einen langfristig niedrigeren Durchschnittskurs. Er wird hierdurch quasi gezwungen, antizyklisch zu handeln: Er kauft viele Anteile, wenn der Kurs niedrig ist, und er kauft wenige Anteile, wenn der Kurs hoch ist.

Praxis-Tipp:

Der Cost-Average-Effekt bei Sparplänen garantiert jedoch nicht immer eine bessere Rendite als bei einer Einmalanlage. Wer beispielsweise nach einem Börsencrash sein Geld voll investiert, der wird immer eine bessere Rendite erzielen.

Zertifikate bieten dem Anleger die Möglichkeit, regelmäßig in den Aktienmarkt zu investieren, ohne von den meist sowieso unfähigen Fondsmanagern abhängig zu sein. Warum sollten Anleger Investmentfonds kaufen, die nur in Ausnahmefällen besser sind als der Index? Über 90 Prozent der Fonds sind schlechter. Einige sind sogar so schlecht, dass man sich fragen muss, wieso Anleger für dieses Schrottmanagement auch noch horrende Gebühren zu entrichten haben.

Und wie der Unterschied zwischen Zertifikaten und Fonds auf Sicht von 30 Jahren aussieht, zeigt folgendes Beispiel:

Ein Anleger spart monatlich über einen Zeitraum von 30 Jahren 100 Euro: einmal in ein Zertifikat, welches sich auf den DAX bezieht, und einmal in einen Fonds, der sich auf deutsche Aktien spezialisiert hat. Wenn man nun unterstellt, dass der DAX eine durchschnittliche Rendite von 11 Prozent pro Jahr gebracht hätte und der Fonds, verursacht durch Managementgebühren und Fehlentscheidungen des Managements, weniger, nämlich nur 10 Prozent pro Jahr, dann ergäbe sich folgende Rechnung:

Vergleichskriterien	Zertifikat	Investmentfonds
Summe der Einzahlungen in 30 Jahren	36 000 Euro	36 000 Euro
Kursgewinn	217 055 Euro	172 085 Euro
Gesamtwert des Sparplanes nach 30 Jahren	253 055 Euro	208 085 Euro

Differenz zwischen Zertifikat und Fonds: 44 970 Euro!

Vermögensaufbau mit Zertifikaten und Fonds

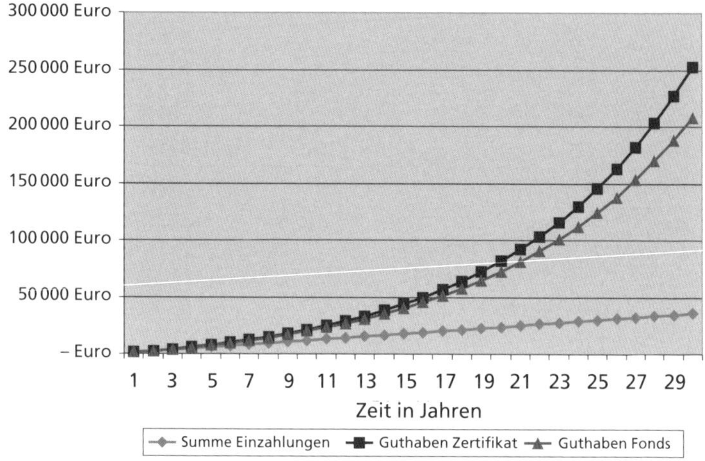

Die dazugehörige Berechnungstabelle sieht dann so aus:

Jahr	Einzahlungen	Guthaben Fonds	Guthaben Zertifikat
1	1 200 Euro	1 265 Euro	1 272 Euro
2	2 400 Euro	2 657 Euro	2 683 Euro
3	3 600 Euro	4 187 Euro	4 249 Euro
4	4 800 Euro	5 871 Euro	5 988 Euro
5	6 000 Euro	7 723 Euro	7 919 Euro
6	7 200 Euro	9 760 Euro	10 061 Euro
7	8 400 Euro	12 001 Euro	12 439 Euro
8	9 600 Euro	14 466 Euro	15 079 Euro
9	10 800 Euro	17 178 Euro	18 009 Euro
10	12 000 Euro	20 161 Euro	21 262 Euro
11	13 200 Euro	23 442 Euro	24 872 Euro
12	14 400 Euro	27 051 Euro	28 880 Euro
13	15 600 Euro	31 021 Euro	33 328 Euro
14	16 800 Euro	35 388 Euro	38 266 Euro
15	18 000 Euro	40 192 Euro	43 746 Euro

16	19200 Euro	45476 Euro	49830 Euro
17	20400 Euro	51289 Euro	56583 Euro
18	21600 Euro	57683 Euro	64078 Euro
19	22800 Euro	64716 Euro	72399 Euro
20	24000 Euro	72453 Euro	81634 Euro
21	25200 Euro	80963 Euro	91885 Euro
22	26400 Euro	90324 Euro	103264 Euro
23	27600 Euro	100622 Euro	115895 Euro
24	28800 Euro	111949 Euro	129914 Euro
25	30000 Euro	124409 Euro	145477 Euro
26	31200 Euro	138115 Euro	162750 Euro
27	32400 Euro	153191 Euro	181924 Euro
28	33600 Euro	169776 Euro	203208 Euro
29	34800 Euro	188018 Euro	226832 Euro
30	36000 Euro	208085 Euro	253055 Euro

Wie man sehen kann, hat nur ein Prozent Renditeunterschied extrem gravierende Auswirkungen auf das Vermögen. Ein Zertifikateanleger hätte nach 30 Jahren im Vergleich zu einem Fondsanleger ein um fast 45000 Euro höheres Vermögen. Anleger sollten sich daher gründlich überlegen, ob ein Zertifikatesparplan für sie nicht sinnvoller ist als ein Fondssparplan.

Sie können solche Beispielrechnungen beliebig durchrechnen. Einfacher geht es mit Softwaretools, die im Internet kostenlos angeboten werden. Die Fondsgesellschaft DWS beispielsweise bietet einen solchen Anlagerechner auf ihrer Internetseite http://www.dws.de kostenlos zum Herunterladen an.

Anleger sollten sich in diesem Zusammenhang nochmals vor Augen führen, dass wirklich nur sehr wenige Fonds langfristig die Messlatte Index überspringen. Die überwältigende Mehrzahl der Fonds ist zum Teil noch wesentlich schlechter als ein Prozent im Vergleich zum Index. Hier wäre der entgangene Vermögenszuwachs noch größer.

Einige Anleger werden wahrscheinlich jetzt argumentieren, sie hätten einen sehr guten Fonds, der bisher immer besser war als der Index. Das kann schon sein, jedoch kann aus Top-Fonds innerhalb kürzester Zeit ein Flop-Fonds werden, indem beispielsweise das Fondsmanagement wechselt oder aber weil der Fondsmanager in seiner Einschätzung falsch gelegen hat. Dann reicht ein einziger „Ausrutscher" schon aus, damit der Fonds nie wieder an die langfristige Entwicklung des Indexes heranreicht. In diesem Fall wäre ein Sparplan auf Indizes dann lukrativer.

Die Statistik der Vergangenheit belegt, dass langfristig die Performance von Indizes mit aktiv gemanagten Aktienfonds nicht zu übertreffen ist.

Anleger sollten sich daher für den Vermögensaufbau einen Mix aus Zertifikaten zusammenstellen, die die Kursentwicklung wichtiger internationaler Indizes widerspiegeln. Im Abschnitt „Index-Zertifikate" sind einige solcher Endlos-Zertifikate aufgeführt, die sich hierfür sehr gut eignen. Die Zusammenstellung des Zertifikatemix sollte dabei individuell nach Geschmack des Anlegers erfolgen. Beispielsweise in der Form, dass 50 Prozent der Sparrate in ein Zertifikat auf den Eurostoxx und die anderen verbleibenden 50 Prozent in ein Zertifikat auf den S&P500 Index aufgeteilt werden. Bei etwas spekulativeren Anlegern kann auch ein Teil der Sparrate auf Indizes aus Asien oder Osteuropa verteilt werden.

Neben der unterschiedlichen Wertentwicklung zwischen Index-Zertifikat und Investmentfonds spielt noch ein Kriterium eine Rolle, das kaum von einem Anleger zur Kenntnis genommen wird. Es handelt sich hierbei um den Ausgabeaufschlag.

Bei einem Fondskauf, sei es als Sparplan oder als Einmalinvestment, wird in der Regel ein Ausgabeaufschlag von bis zu 6 Prozent verlangt. Jedoch ist die Ausdrucksweise „Ausgabeaufschlag" nicht korrekt. Denn der Anleger zahlt ja keinen zusätzlichen Betrag, sondern dieser wird von der geplanten Anlagesumme abgezogen.

Beispiel:

Ein Anleger möchte eine Summe von 30 000 Euro für fünf Jahre anlegen. Daraufhin wird ein Ausgabeaufschlag von 5 Prozent fällig. Dieser beträgt in diesem Falle 1 500 Euro. Die Anlagesumme beträgt folglich dann nur noch 28 500 Euro und nicht mehr 30 000 Euro.

Unter der Annahme, dass der Fonds in den fünf Anlagejahren eine durchschnittliche Rendite von 10 Prozent pro Jahr erwirtschaftet, ergibt sich folgendes Anlageergebnis: Am Ende der fünf Jahre besitzt der Anleger einen Betrag von 45 900 Euro.

Hätte er keinen Ausgabeaufschlag bezahlt, so hätte er nun 48 315 Euro. Das bedeutet, ohne Ausgabeaufschlag hätte der Anleger jetzt ganze 2 415 Euro mehr.

Das heißt, ein Ausgabeaufschlag kann auch nach vielen Jahren nicht wieder verdient werden. Das Ergebnis wird immer niedriger ausfallen, als wenn man keinen Ausgabeaufschlag bezahlt hätte.

Noch schlimmer ist dieser Einfluss auf Sparpläne. Dazu sollen wieder 30 Jahre lang 100 Euro angespart werden. Unterstellt wird eine jährliche Rendite von 10 Prozent. Um die Auswirkungen zu verdeutlichen, soll die Sparrate von 100 Euro einmal ohne Ausgabeaufschlag und einmal mit Ausgabeaufschlag (5 Prozent) untersucht werden.

Vergleichskriterien	**Ohne Ausgabeaufschlag**	**Mit Ausgabeaufschlag**
Summe der Einzahlungen in 30 Jahren	36 000 Euro	34 200 Euro
Kursgewinn	172 085 Euro	163 481 Euro
Gesamtwert des Sparplanes nach 30 Jahren	208 085 Euro	197 681 Euro

Die Differenz beträgt 10 404 Euro.

Wie man sieht, ist die Summe der Einzahlungen in der Spalte mit Ausgabeaufschlag geringer. Das ist auch ganz klar, denn der Anleger spart keine 100 Euro, sondern nur ca. 95 Euro. Die restlichen 5 Euro sind der Ausgabeaufschlag (genau genommen beträgt der monatliche Einzahlungsbetrag 95,24 Euro [100 Euro/105 * 100], der Einfachheit halber wurde der Betrag aber gerundet).

Insgesamt besitzt ein Anleger, der durch den Ausgabeaufschlag geschädigt wurde, fast 10 500 Euro weniger, obwohl jeweils die gleiche Summe angespart wurde. Natürlich fallen auch beim Kauf von Zertifikaten via Sparplan Kaufspesen an. Diese sind aber in der Regel wesentlich geringer als die Kosten in Form eines Ausgabeaufschlags.

Wenn man nun die beiden soeben beschriebenen Komponenten Ausgabeaufschlag und die bessere Performance von Index-Zertifikaten zusammen betrachtet, wird erst das gesamte Ausmaß deutlich:

Vergleichskriterien	Zertifikat (11 % p. a.)	Investmentfonds (10 % p. a.)
Summe der Einzahlungen in 30 Jahren	36 000 Euro	34 200 Euro
Kursgewinn	217 055 Euro	163 481 Euro
Gesamtwert des Sparplanes nach 30 Jahren	253 055 Euro	197 681 Euro

Differenz: 55 374 Euro

Sparplanentwicklung im Vergleich

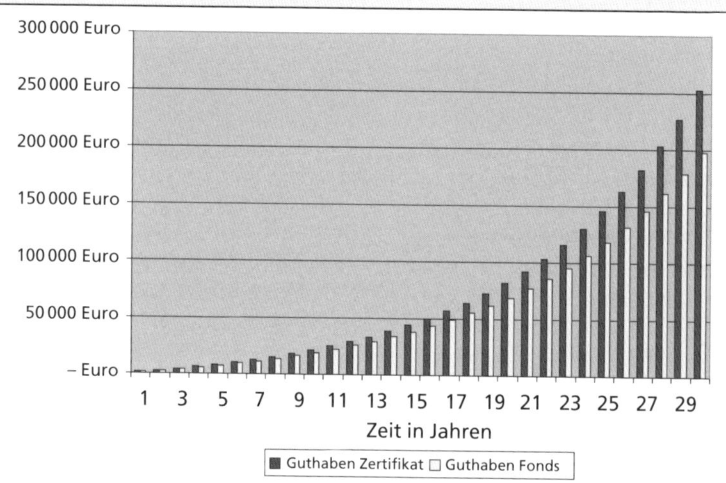

Zusammenfassend kann man festhalten, dass sowohl die schlechtere Rendite eines Investmentfonds im Vergleich zum Index-Zertifikat als auch der Einfluss des Ausgabeaufschlages entscheidende Auswirkungen auf das Vermögen am Ende des Sparplanes haben kann. Ein Sparplan auf Index-Zertifikate sollte demnach vorteilhafter sein als ein Fondssparplan.

Timing beim Zertifikatekauf

Den richtigen Kaufzeitpunkt zu finden, ist sicherlich der Wunsch eines jeden Anlegers. Doch leider kann niemand in die Zukunft blicken und wissen, in welche Richtung sich die Indexstände der Weltbörsen entwickeln. Direktinvestoren in Aktien haben es noch schwerer, denn sie sind den individuellen Schwankungen von Einzelaktien ausgesetzt.

Die einzige Möglichkeit, doch noch den geeigneten Kaufzeitpunkt zu identifizieren, besteht darin, auf Vergangenheitsdaten zurückzugreifen. Dabei wird jedoch unterstellt, dass die Kursentwicklung der Vergangenheit sich 1:1 auf die Zukunft prognostizieren lässt. Diese Prognose kann aber nur mit einer gewissen Wahrscheinlichkeit richtig sein, da diese durch individuelle Ereignisse in einzelnen Unternehmen oder gar durch exogene Schocks beeinflusst werden kann.

Trotzdem kann man aufgrund von Vergangenheitsdaten bestimmte Aussagen treffen, die nicht immer, aber doch sehr häufig zutreffen.

Eine solche Aussage ist, dass Aktien statistisch gesehen montags häufiger fallen als an anderen Wochentagen. Daraus lässt sich schlussfolgern, dass Montag ein idealer Kauftag ist, da an diesem Tag die Kurse in der Regel etwas niedriger sind. Anders verhält es sich mit dem Freitag. Hier lässt sich feststellen, dass die Kurse im Vergleich zu den anderen Wochentagen häufiger steigen. Daher ist der Freitag ein idealer Verkaufstag.

Neben solchen statistischen Aussagen im Wochenvergleich lassen sich auch andere auf Monatsbasis treffen. Besser bekannt ist dieser Monatsvergleich als Jahreszeiten-Rhythmus.

In den letzten 30 Jahren war die Entwicklung so, dass nicht etwa der Crashmonat Oktober der schlechteste Börsenmonat war, sondern der September. Der beste Börsenmonat dagegen war immer der Januar.

Hieraus lässt sich nun eine Aussage über den optimalen Kauf- und Verkaufszeitpunkt treffen:

Praxis-Tipp:

Anleger sollten im November ihre Käufe durchführen und so die hoffentlich hohen Gewinne der darauf folgenden Monate einstreichen. Diese Gewinne sollten Anleger aber spätestens Ende Juli realisieren, denn ab August kann es wieder ungemütlich an den Börsen werden.

Folgende Abbildung zeigt diesen mit statistischen Verfahren ermittelten Jahreszeiten-Rhythmus. Wie man sehen kann, ist die Rendite, die Anleger erzielen können, von Monat zu Monat unterschiedlich.

Jahreszeitenrhythmus

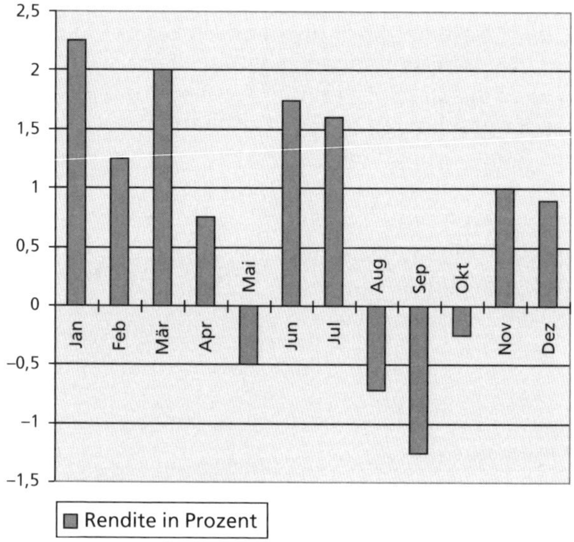

Natürlich sollten Anleger diese statistischen Erkenntnisse nicht überbewerten. Entscheidend ist sicherlich vielmehr, wie die wirtschaftliche Situation der Welt und der Unternehmen ist, oder aber, wie sich die Kursentwicklung insgesamt darstellt.

Befinden sich beispielsweise die Börsen schon lange Zeit in einer Baissephase, dann wäre es sicherlich nicht sinnvoll, Aktien oder Zertifikate zu verkaufen, unabhängig davon, welcher Monat gerade ist. Diese Statistik kann nur ein Glied in einer Kette von vielen Entscheidungskriterien für Kauf- und Verkaufsentscheidungen sein.

Fünf Tipps zum Zertifikatekauf

Verlassen Sie sich nur auf Ihr Urteil

Da die Erwartung der Mehrheit der Anleger an der Börse meistens nicht eintritt und die Prognosen von Volkswirten und Analysten oft falsch sind, ist es wichtig, dass ein Anleger sich seine eigene Meinung bildet. Die Vergangenheit hat gezeigt, dass derjenige, der nicht mit der Masse mitgeschwommen ist, oft den größeren Erfolg hatte. Auch Kaufempfehlungen von Analysten sind nicht das Papier wert, auf dem sie stehen, denn in der Regel dienen solche veröffentlichten Empfehlungen nur der Kursmanipulation. Will beispielsweise eine Bank Aktien aus dem eigenen Bestand verkaufen oder aber Zertifikate emittieren, werden dann rein zufällig genau diese Werte den Kunden beispielsweise als „Tipp der Woche" zum Kauf empfohlen. Ziel ist es, das Anlegerinteresse zu wecken, damit die Bank ihre Aktien zum bestmöglichen Preis loswird bzw. dass das von der Bank emittierte Zertifikat an möglichst viele Anleger verkauft wird.

Keine Kredite

Anleger sollten nach Möglichkeit keine Kredite aufnehmen, um mit dem Geld zu spekulieren. In Phasen steigender Börsennotierungen wirkt sich das Spekulieren auf Kredit zwar positiv aus, jedoch kann sich dies in Phasen fallender Aktienkurse rächen. Dann wird nämlich das geliehene Geld verspielt, und der Anleger bleibt auf den Schulden sitzen.

Lernen Sie Verkaufen

Wenn Sie mit einem Investment schon einen großen Gewinn erzielt haben, denken Sie ruhig einmal über Gewinnmitnahmen nach. Zwar soll man auch die Gewinne laufen lassen, was man hat, das hat man. Noch wichtiger als der Verkauf, wenn man Gewinne erzielt hat, ist der Verkauf bei fallenden Börsennotierungen. Setzen Sie Stop-Loss-Schwellen ein. Überlegen Sie schon beim Kauf eines Wertpapiers, wie viel Verluste Sie maximal eingehen wollen. Ist die Verlustschwelle erreicht, verkaufen Sie. Sie vermeiden dadurch noch höhere Verluste, die Sie sonst nie wieder ausgleichen können. Denken Sie einmal darüber nach, wie lange es dauert, bis ein Anleger, der beispielsweise in ein Basket-Zertifikat auf Internetaktien gesetzt hat und nun auf ca. 90 Prozent Kursverlusten sitzt, die Verluste wieder ausgeglichen hat. Dieser Anleger benötigt in diesem Fall einen Kursanstieg von etwa 900 Prozent.

Diversifikation

Setzen Sie beim Kauf von Zertifikaten nicht alles auf eine Karte. Streuen Sie Ihr Kapital auf unterschiedliche Zertifikateformen von unterschiedlichen Emittenten. Investieren Sie einen Großteil Ihres Kapitals je nach Risikoneigung in sichere Zertifikatsformen, wie beispielsweise Index-Zertifikate, Discount-Zertifikate oder Fallschirm-Zertifikate. Spekulieren Sie nur mit einem kleinen Teil Ihres Vermögens mit Zertifikaten vom Typ Turbo-Zertifikat, da hier enorme Verlustrisiken bestehen. Bauen Sie sich ein international gestreutes Portfolio zusammen, damit Sie nicht nur von der Marktentwicklung einer Region abhängig sind.

Gebühren

Vermeiden Sie unnötige Umschichtungen in Ihrem Depot. Der dauernde Kauf und Verkauf von Zertifikaten verursacht hohe Transaktionskosten. Weiterhin entstehen durch die bei Zertifikaten oft hohe Differenz zwischen den An- und Verkaufskursen (Spread) hohe Tradinggebühren. Diese Kosten müssen erst einmal wieder durch Kurssteigerungen verdient werden. Zusätzlich dazu verdient der Staat innerhalb der Spekulationsfrist auch kräftig mit.

Findex